AF210217

Originalausgabe

© by Mathias Bellmann. Das Werk einschließlich aller Inhalte ist
urheberrechtlich geschützt. Alle Rechte vorbehalten
Verlag: BoD • Books on Demand GmbH, In de Tarpen 42, 22848 Norderstedt
Druck: Libri Plureos GmbH, Friedensallee 273, 22763 Hamburg
ISBN: 978-3-7597-2243-0

Lehrerinnen der Zukunft

Lernexperten versus Fachlehrer

Ausbildung heißt, das zu lernen, von dem du nicht einmal wusstest, dass du es nicht wusstest.

Ralph Waldo Emerson

Das Modell unserer Schule stammt aus dem vergangenen Jahrhundert. Es stammt ehrlich gesagt sogar aus dem letzten Jahrtausend. Aber das ist gar nicht das Entscheidende. Denn was wirklich relevant ist, ist, dass es aus einem vergangenen Zeitalter stammt. Als das heutige Schulsystem konzipiert wurde, befanden wir uns in der Postmoderne. Aber heute befinden wir uns in einem neuen Zeitalter, das viele als das Informationszeitalter und andere als das digitales Zeitalter bezeichnen. Kurz gesagt, wir sind im Internetzeitalter. Wie effizient kann eine Schule sein, die aus einer vergangenen Zeitepoche vor dem Internet stammt?

Viele glauben der Unterschied zwischen der alten Zeit und unserem neuen Zeitalter wird noch größer werden als der Unterschied zwischen Antike und Mittelalter. Auch beim Übergang von der Antike zum Mittelalter und dann zur Neuzeit hat sich die Vorstellung von Unterricht, Bildung und Erziehung dramatisch verändert. Es ist nur logisch, davon auszugehen, dass es in unserem technologischen Zeitalter genauso sein wird.

In diesem Essay geht es um ein neues Modell für Lehrkräfte, welches in diesem Zeitalter deutlich effizienter sein wird als das Alte. Was ist das alte Modell, welches es ablösen wird? Aktuell herrscht das Modell des Fachlehrers vor. Das sind Lehrerinnen, die in der Regel in zwei Fächern ausgebildet worden sind. Im Grundschulbereich sind es häufig drei, aber es gibt auch welche mit nur einem Fach. Die Lehrerin ist hier zuerst einmal Wissensvermittlerin.

Die alte Schule und ihre LehrerInnen hatten das Monopol auf Wissen für lange Zeit inne. Es war ihre Aufgabe, der nächsten Generation dieses Wissen zur Verfügung zu stellen. Das war ihr Hauptmotiv und ihre Existenzberechtigung. Mit dem Internet und den vielen digitalen Angeboten, online Seminaren, Tutorials und Lernspielen ist dieses Monopol verschwunden. Der Lehrer ist nicht mehr der Einzige, der das Wissen vermitteln kann. Damit steht seine gesamte Existenzberechtigung zur Disposition, falls er sich nicht an die neuen Umstände anpasst.

Was das Internet anbietet, kann kein einzelner Lehrer mehr anbieten und auch keine einzelne Schule. Selbst ein Schulsystem, das nicht im hohen Maß die technischen Möglichkeiten zum Lehren und Erziehen nutzt, wird es irgendwann nicht mehr können. Denn hält die technische Entwicklung weiter so an, wird das jetzige konventionelle Schulsystem von den Angeboten der interaktiven und digitalen Welt abgehängt werden. Ich denke, mit dieser düsteren Prognose stehe ich nicht alleine da, sondern es ist eine extrem große Zahl von Experten, die das genauso sieht.

Muss sich Schule deshalb abschaffen? Nein absolut nicht. Sollten alle Lehrerinnen mit dem Job aufhören, weil sie bald als Wissensvermittlerinnen obsolet sein werden? Überhaupt nicht. Woran ich glaube, ist die Evolution. Das heißt im Umkehrschluss, dass ich sowohl gegen Revolutionen, als auch kein großer Freund von Reformen bin. Was die Schule und mit ihr die Lehrkräfte durchmachen müssen, ist eine Entwicklung. Anpassung ist das zentrale Merkmal allen Lebens. Wir müssen uns an das neue Zeitalter anpassen.

Wenn wir das Modell des Fachlehrers nicht mehr brauchen; was wird an seine Stelle treten? Die Antwort ist: der Lernexperte. Diese Antwort ist leicht und dennoch wird sich der Rest des Essays damit beschäftigen, zu erläutern, was den Lernexperten ausmacht und wie er sich vom Fachlehrer oder der Lehrerin als Wissensvermittlerin unterscheidet.

2

Wissen ist Macht. Das war in der Moderne so und das wird im Informationszeitalter so bleiben. Die Bedeutung des Wissens wird sogar exponentiell zunehmen. Aber es wird ganz anders funktionieren als in der Neuzeit oder der Postmoderne. Denn in diesen Zeitepochen war Wissen eine Mangelware. Es war beschränkt, exklusiv und übersichtlich. Das hat sich fundamental umgekehrt. Eine Faustregel sagt, alle fünfzehn Jahre verdoppelt sich das Wissen. Also haben wir schon bald viermal so viel Wissen wie seit der letzten Jahrtausendwende. Denn Wissen ist zu einem unbegrenzten Rohstoff geworden. Es gibt ihn so häufig und in solchem Überangebot, dass sich das niemand vor hundert Jahren hätte vorstellen können und um ehrlich zu sein, können wir uns auch nicht vorstellen, wie viel Wissen uns durchs Internet zur Verfügung gestellt wird.

Nicht alles von diesem Wissen ist nützlich. Das steht außer Frage. Da ist viel oberflächlicher Klamauk darunter, der nur unterhalten soll oder dessen einziger Zweck darin besteht, schnell Klickzahlen und Traffic zu produzieren. Aber das darf uns nicht dazu verleiten, zu zweifeln, dass es nicht auch extrem kostbares Wissen im Internet gibt.

Zunächst einmal gibt es heute im Internet kostenlos extrem viele anspruchsvolle Klassiker und auch wissenschaftliche Fachliteratur. Aber damit fängt es gerade erst an. Wären einfach nur die Printmedien digitalisiert und hochgeladen worden, könnten sie dem konventionellen Schulsystem kaum Konkurrenz machen.

Doch das Internet macht der Schule Konkurrenz und das tut es mit hochwertigen Bildungsangeboten. Gerade rollt die erste wirklich große AI Welle über den Planeten und sie wird dieses Angebot noch einmal deutlich verbessern. Aber auch bisher glänzt es bereits mit gut verständlichen Tutorials, Online-Akademien, Coachings (auch wenn es da viele faule Eier gibt) und Lernspielen. Sehen wir uns die klassische Schule mit den Büchern, Arbeitsheften und dem interaktiven Whiteboard an, dann verstehe ich, dass junge Menschen mehr Lust darauf haben, auf das Angebot aus dem Internet zurückzugreifen.

Wir haben das Wissensmonopol verloren. Dieser harten Realität müssen sich alle Lehrkräfte stellen. Wir besaßen es für einige Jahrhunderte. Es war die Basis unseres Berufs gewesen. Jedoch kann es das nicht mehr sein. Wir sind nicht mehr die Vertreter des Wissensmonopols, sondern nur noch Akteure auf einem riesigen (Wissens)Markt mit sehr großer Konkurrenz und einem ständigen Konkurrenzkampf um die Deutungshoheit.

Da die Basis des Lehrerberufs sich verändert hat, muss sich logischerweise auch der Lehrberuf verändern. Wie gesagt, glaube ich nicht daran, dass das durch Reformen oder revolutionäre Prozesse geschehen kann, sondern ich glaube an die evolutionäre Entwicklung. Also wenn ich sage, dass sich der Lehrberuf verändern muss, dann meine ich damit, er muss sich weiterentwickeln.

3

Was denkt ihr, wie viel Prozent der heutigen Tätigkeit einer Lehrerin könnte die Technik übernehmen, wenn sie optimal genutzt würde? Ich persönlich glaube, es wären ungefähr dreißig Prozent. Des weiteren glaube ich, dass bis zum Ende des Jahrzehnts bei der jetzigen Entwicklungsgeschwindigkeit wahrscheinlich fünfzig Prozent, also die Hälfte der heutigen Tätigkeiten von Maschinen, Internet und Apps übernommen werden könnten.

Leute, die wenig von Technik verstehen, werden jetzt Panik bekommen, weil sie glauben, dass wir dann alle arbeitslos werden. Vielleicht ist das sogar einer der Hauptgründe, warum die Technologie so extrem langsam Einzug in die staatlichen Unternehmen hält. Das erinnert natürlich an die verrückten englischen Ludditen oder die Maschinenstürmer in Deutschland. Aus Angst ihre Arbeit zu verlieren, haben sie viele Maschinen zerstört. Es stimmt natürlich, dass damals die Mechanisierung viele Arbeitsplätze zerstört hat, aber im Gegenzug hat sie extrem viele neue Jobs geschaffen und zwar mehr, als wie sie vorher zerstört hatte.

Die Arbeitswelt verändert sich. Wir sind in einem neuen Zeitalter und es sind andere Kompetenzen, Fähigkeiten und Skills, die unsere Kids brauchen, um ein hohes Gehalt zu erwirtschaften. Vor allem sind es deutlich anspruchsvollere Kompetenzen. Etwa werden sich mit bäuerlicher Feldarbeit weniger Menschen in Zukunft einen hohen Lebensstandard erarbeiten können als noch vor zweihundert Jahren.

Die Arbeitswelt hat sich weiterentwickelt. Auch ein Farmer muss heute mit Drohnen umgehen können. Er sollte sogar Content für Social Media erstellen können, um seinen Absatz zu steigern. Außerdem muss er die ganze Buchhaltung machen, denn was der Staat heute an Bürokratie verlangt, grenzt an Wahnsinn. Was für den Bauern gilt, gilt auch für alle anderen Berufszweige. Schule müsste, um es ehrlich zu sagen, mindestens zwanzig Prozent mehr leisten oder anders ausgedrückt, die Jugendlichen zwanzig Prozent kompetenter machen als vor der flächendeckenden Einführung des Internets, falls sie sie für die nationalen und internationalen Märkte fit machen will.

Mithilfe der heutigen Technologien ist es möglich, die Jugendlichen deutlich fitter als vor dreißig Jahren zu machen. Leider zeigen die Statistiken und Vergleichsstudien exakt den gegenteiligen Trend. Dazu kommen die Rückmeldungen aus der dualen Berufsausbildung und den Universitäten. Das Bild, was sich abzeichnet, ist dramatisch. Würde die Schule nicht schon von sich aus in einer großen Bildungskrise stecken, angesichts dessen was in deutschen Schulen abläuft, so wäre sie es durch die Qualität der Schulabgänger.

Gerade diese Woche geisterte wieder eine Rektorin durch die Nachrichten. Sie war in einer Talkrunde bei einem großen öffentlichen TV-Sender und hat dort dem Land berichtet, wie dramatisch die Lage an ihrer Schule ist. Die aktuelle Polizeistatistik stützt ihre Aussagen zum Anstieg der Gewalt an Schulen. Wäre also nicht intern schon alles schlimm; allein der Output ist so desaströs, dass wir von einer Bildungskrise sprechen müssten. Der Output meint hier das Leistungsniveau des durchschnittlichen Schülers* nach dem Verlassen der Schule.

Ich prophezeie ernsthaft, dass ein richtiger Einsatz der Technik plus einer dazu passenden Didaktik in der Lage wäre, die notwendige Leistungssteigerung unserer Jugend zu ermöglichen. Die Betonung liegt dabei auf der richtigen Didaktik. Bisher ist mir leider keine Uni bekannt, die dazu etwas ernsthaftes und alltagstaugliches entwickelt hätte.

In der Berufswelt spricht man häufig vom Highperformer. Das sind die Mitarbeitenden, die extrem viel leisten. Ich spreche hier bewusst nicht von überdurchschnittlich, weil die Durchschnittswerte sagen letztendlich wenig aus. Sondern es geht darum, angesichts der Möglichkeiten das Maximum und/oder das Optimum herauszuholen. Wir brauchen nicht darüber reden, ob es der aktuellen staatlichen Schule gelingt, junge Menschen zu solchen Highperformern auszubilden (Ich hätte gern „formen" gesagt, aber das hätte bestimmt Kritiker aus den falschen Lagern aufgeregt).

Wenn wir fünfzig Prozent unserer heutigen Arbeit von den Maschinen, also KIs, Apps, Lernsoftware und speziellen KI-Assistenten machen lassen, aber dann nicht so dumm sind, das Ganze als Sparmodell zu benutzen. Bei der Reform zur Integration hat es die Politik gemacht, was dazu geführt hat, dass heute mehr Schüler und Schülerinnen in der Schule leiden als jemals zuvor. Sondern wenn wir das Personal beibehalten und die freigewordene Zeit für tiefgründige Pädagogik nutzen, dann könnten wir flächendeckend diese Highperformer aus unseren SuS herausholen.

Jedem wird sofort klar sein, dass das mit dem Modell des Fachlehrers in wissenschaftlicher Ausbildung in einem oder mehreren Fächern nicht möglich sein wird. Ich bezweifel, dass es mit den heutigen pädagogischen Konzepten und Idealen möglich ist, die Jugend zu diesen Highperformern auszubilden. Jedoch müssen wir genau das schaffen, falls wir wirtschaftlich unsere Position halten und nicht einen riesigen Wohlstandsverlust riskieren wollen.

Die Computer würden mit den Kids das durchführen, was wir heute als klassischen Unterricht verstehen. Dazu brauchen sie eigentlich nur ein Handy, obwohl ein schönes Tablet mit einem größeren Format natürlich viel besser wäre. Dort lernen sie die ganzen Themeninhalte kennen und das natürlich multimedial und multimethodisch. Letztendlich setzt das nichts anderes voraus, als das Apps und Software dafür programmiert werden müssen. Sie öffnen den Zugang zum Lernthema, bieten Texte, Videos und Audios an und tun am Ende jeder Lerneinheit vollautomatisch testen. Das ist beim heutigen Stand der Technik definitiv möglich und es wird mit jedem Jahr, in dem die Entwicklung fortschreitet, einfacher.

Diese Software oder Apps können natürlich auch innerhalb der Schule vernetzt werden, sodass das Programm passende Gruppen bilden kann. Auch wenn dadurch das Konzept der Klasse in Frage gestellt wird, würde ich sie aus sozialen Gründen definitiv aufrechterhalten. Tatsächlich fände ich es gut, feste Klassen mit wenig Schwankungen zehn Jahre am Stück zu führen. Die Apps vermitteln und testen das Wissen der jeweiligen Lerneinheit. Das ist das, was wir LuLs heute zu siebzig Prozent unserer Arbeitstätigkeit tun. Es müsste längst nicht mehr getan werden. Zugleich müssten die LuLs etwas tun, das für die wirtschaftliche, als auch politische Zukunft der nächsten Generation viel wichtiger ist.

Mittelmäßig zu werden, ist nicht schwer. Dazu brauchen wir nur Wissen zu vermitteln und es durch schriftliche Tests überprüfen. Wären wir eines der Völker im wirtschaftlichen Mittelfeld, wäre das nicht schlimm. Aber unsere Lohnkosten sind hoch und es rentiert sich für ein Unternehmen nur dann bei uns zu produzieren, wenn wir Mitarbeitende anbieten können, die ein Ausbildungsniveau besitzen, das genauso wie unsere gesamte Wirtschaft Weltmaßstab ist. Fakt ist, wir konnten für viele Jahrzehnte dieses Ausbildungsniveau produzieren. Aber die jüngsten Statistiken zeigen, dass die letzten Reformen und die aktuellen Konzepte, welche die heutige Schule konstituieren, dieses Momentum zerstört haben. Wir bringen keine hochleistungsfähige Jugend mehr hervor, wie wir es noch vor einigen Jahren getan haben.

Was muss also der Lehrer und die Lehrerin tun, wenn die Wissensvermittlung ab jetzt von Maschinen übernommen wird und er/sie trotzdem genauso viel arbeiten muss, um den Ansprüchen des Weltmaßstabes gerecht zu werden?

Höchstleistungen kitzelt man aus den SuS nicht durch Frontalunterricht heraus. Auch nicht indem man sie in ihren Peergruppen einfach selbst lernen lässt; zumindest nicht ohne vorher einen Input reinzustecken, der größer als der im Frontalunterricht ist. Sondern es geschieht mit der richtigen Arbeit am Einzelnen.

Zu allererst muss der Wille geweckt werden. In einem freien Land geht es nur damit. Nach meiner Recherche waren wir Deutschen einst eines der lerneifrigsten Völker der Erde. Das sind wir nicht mehr. Echtes Lernen ist und war bei uns übrigens mehr als das stumpfe Auswendiglernen wie für die konfuzianische Prüfung zum Beamten. Es war sehr komplex, kreativ und umfassend. Ich habe den Eindruck, davon ist nur noch wenig übrig. Einige Sozio-Kulturen haben einen langen Kampf gegen unsere Bildungskultur geführt. Aber ich bleibe dabei, ohne dass wir die Lust, den Willen und den Sinn des Lernens wieder ganz nach oben in unseren kulturellen Normen stellen, werden wir nicht zu unserem alten Momentum im Bereich Bildung, Wissenschaft und Erziehung (und Wirtschaft) zurückgelangen.

Nachdem der Wille geweckt ist, geht es weiter. Denn der reine Wille allein wird nicht reichen, um Höchstleisterin zu werden. Aber wir müssen das schaffen! Denn aktuell profitiert Deutschland von seinen sehr gut ausgebildeten

Arbeitskräften. Abgesehen von der alten traditionellen Arbeitsmoral, die leider auch parallel zum Wohlstandsniveau sinkt, hält unser aktuelles Ausbildungsniveau nicht mit den Entwicklungen auf dem Weltmarkt mit. Unser relatives Niveau hat sich in den letzten Jahren im Vergleich zum Weltmaßstab eindeutig verschlechtert.

Wenn wir fünfzig Prozent unserer Aufgaben durch die Technik machen lassen und das geht. Wir dann zugleich nicht so dumm sind, die Lehrkräfte zu reduzieren, denn das wäre ökonomischer und sozialer Selbstmord. Dann haben wir die Chance, die Zeit für die individuelle Förderung zu nutzen.

Ich glaube wirklich an die individuelle Förderung als Schlüsselelement zukünftiger Pädagogik. Wobei das nicht unbedingt auf eine Person beschränkt sein muss. Das können auch kleine Gruppen sein, die untereinander eine extrem gute Lerndynamik entwickelt haben. Die arbeiten dann zusammen mit der Lehrkraft und gehen wirklich in die Tiefe. Das setzt definitiv einen offenen Rahmen voraus. Vor allem aber setzt es eine extrem dynamische Lehrkraft voraus, die fähig ist, fachlich wirklich am Stand der Zeit und am Level der Jugendlichen zu sein und die fähig ist, Wissen, Verstehen und Können langfristig und kreativ bei den SuS zu verankern.

Dem klassischen Fachlehrer mit der Ausbildung in einem oder mehreren Fächern traue ich nicht zu, flächendeckend diese Aufgabe erfüllen zu können. Weder befähigt ihn seine Ausbildung dazu, noch passt es zu dem Paradigma von Schule, auf welches sich das Konzept seiner Ausbildung gründet. Das beginnt damit, dass die Halbwertszeit seines Ausbildungsniveau überaltert ist. Anders gesagt, dass was er in der Universität während seines Studiums gelernt hat, entspricht nicht mehr den zeitgemäßen Standards.

Das kennen wir auch aus anderen Wissenschaftsdisziplinen, im Besonderen bei den Ingenieuren. Es kommt der Punkt, da das Studium des Ingenieurs nicht mehr den aktuellen Standards seiner Berufsgruppe entspricht, außer er hat sich gezielt und regelmäßig weitergebildet. Dieses Problem gibt es natürlich auch in der Pädagogik. Von außen ist das in vielen Fächern nicht sofort zu sehen, aber es ist da. Es sorgt dafür, dass die Jugendlichen das Fach nach völlig veralteten Standards kennenlernen. In Kunst ist das derzeit noch sehr einfach aufzuzeigen. Viele KunstlehrerInnen unterrichten schwerpunktmäßig immer noch das Zeichen/Malen mit Stiften, Pinseln und Tusche. Die Arbeit mit digitalen Zeichenprogrammen ist noch immer die Ausnahme. Auch die Entwicklung und das Generieren von Bildern durch AI werden faktisch nicht thematisiert. Aber ein solcher Kunstunterricht wäre veraltet und entspricht nicht mehr den Mindeststandards an einen adäquaten Fachunterricht. Das liegt daran, dass digitales Zeichnen so relevant ist. Was hier mit dem Kunstunterricht einfach und einleuchtend ist, findet sich bei genauerer Untersuchung in allen Fächern.

Dieses Problem wäre durch ein neues und zeitgemäßeres Paradigma lösbar. Da es im Titel steht, wisst ihr längst, was ich meine. Es ist der Lernexperte oder die Lernexpertin (Oder was für andere Genera das Gesetz noch vorschreibt). Der Lernexperte kann etwas leisten, was die Fachlehrerin nicht mehr imstande ist zu leisten. Er oder sie kann mit der rasanten Entwicklung mithalten. Denn welches Kernwort steckt in dem Wort Lernexperte? Es ist das Wort lernen. Für den Lernexperten ist „lernen" das Zentrum seiner gesamten beruflichen Existenz. Und wenn er es beherrscht, kann er, möglicherweise sogar besser als jede andere Berufsgruppe im Land, mit den zukünftigen, technologischen Entwicklungen anwendungsorientiert mithalten.

Darauf müssen wir später weiter eingehen. In diesem Kapitel ging es um die technischen Möglichkeiten und wie viel Prozentpunkte der heutigen Lehrtätigkeit von ihnen übernommen werden könnten. Nun im Endeffekt sind es nur so viele, wie wir fähig sind, alltagstauglich zu machen. Dieser Tage erleben wir das Scheitern der Smartboard oder interaktiven Whiteboard Initiative. Wir lesen von immer mehr Experten, die die Rückkehr zum Buch gestützten Unterricht fordern.

Es ist natürlich schockierend, wie derzeit ultrakonservative Stimmen wieder Gehör finden, die methodisch den Rückschritt ins letzte Jahrhundert machen wollen. Allein das schon sagen zu können, ist ein Armutszeugnis für unser Bildungssystem. Dass die interaktiven Whiteboards, als auch die Nutzung von Handys oder Smartphones im Unterricht gescheitert sind, liegt daran, weil wir keine entsprechend entwickelte Didaktik für deren Nutzung im Unterricht hatten.

4

Wir müssen uns weiterentwickeln. Ich weiß, ich habe das schon gesagt, aber unsere Schule konkurriert auf dem Markt der Systeme. Wir sind eine republikanische Demokratie, ähnlich wie die USA. Wir befinden uns auf einem globalen Markt der Bildungssysteme. Nach meinen Recherchen sind wir ins Hintertreffen geraten. Gerade im Bereich digitaler Technik hinkt Deutschland den Spitzenreitern um mindestens ein Jahrzehnt hinterher. Das wäre nicht so traurig, wenn Deutschland im zwanzigsten Jahrhundert nicht eine der führenden technischen Nationen gewesen wäre.

Schule befindet sich permanent in einem evolutionären Prozess. Sie muss sich ständig weiterentwickeln, um mit den Entwicklungen der Welt Schritt halten zu können. Einer der Hauptgründe ist der selbstgesetzte Anspruch der Schule: Sie will die Jugendlichen aufs Leben vorbereiten. Das Zeitalter der Postmoderne ist vorbei. Wir sind in einem neuen Zeitalter. Wie es heißen wird, werden sicher erst die Zukünftigen entscheiden. Bisher kursieren Namen wie das Informationszeitalter oder das digitale Zeitalter durch die Medien, aber das könnte von einer neuen Generation von disruptiven, die Epoche nachhaltig prägenden Erfindungen rückwirkend verändert werden. Entscheidend ist, dass das Paradigma unserer aktuellen Schule aus der Postmoderne, zum erheblichen Teil sogar aus der Moderne stammt.

Ich werde mit niemandem darüber diskutieren, ob ein Schulsystem für ein Zeitalter passt, welches selbst aus einem vorhergegangen Zeitalter stammt. Es ist Schwachsinn, das zu glauben. Jede:r der das glaubt, ist entweder zu faul, die Arbeit mitzumachen, eine zeitgemäße Schullandschaft auf die Beine zu stellen oder ihm oder ihr fehlen wirklich eine Menge an grauen Zellen. Das Paradigma des Fachlehrers ist integraler Bestandteil dieses veralteten Konzepts.

Was macht der Lernexperte anders? Nun er macht nicht alles anders, aber fast alles. Sehen wir uns den Lehrer zehn Jahre nach dem Ende des zweiten Weltkrieges an. Sehen wir uns die Gesellschaft und wie sie ihre Kinder erzogen hat an.

Sehen wir uns an, welche Materialien er verwendet hat. Bezogen auf die Materialien ist das nicht so anders, wie die Dinge, die ich in meinem Referendariat benutzt habe. An meiner Ausbildungsschule gab es nur Bücher und die grünen Kreidetafeln. Aber die Schüler und Schülerinnen waren schon ganz anders. Wir Lehrkräfte der Gegenwart müssen uns in den Klassen erst die Autorität erkämpfen, während die Lehrer damals sie einfach geschenkt bekommen haben. Das ist hart und kostet mehr Energie, als sich Menschen vorstellen könnten, die nie versucht haben, heutige Kinder zu erziehen.

Der Lernexperte wird deshalb in der Zukunft einer technologischen Welt besser performen als der Fachlehrer, weil er einfach besser dazu passt. Gucken wir uns nur die Entwicklungen der letzten fünf Jahre im Bereich AI Sprachmodelle und AI Assistenten an. Früher oder später werden sie alles können, was wir heute machen. Dennoch glaube ich, dass ein rein auf Technik gestützter Unterricht schlechtere Ergebnisse bringen wird, als einer wo der Mensch mit Unterstützung der Technologie erzieht und bildet.

Selbst wenn die Maschinen bald alles allein übernehmen könnten, werden Lehrkräfte, die die Technologie effizient nutzen, besser sein. Allerdings braucht es dazu eine entsprechende Didaktik, Erfahrung und eine bestimmte Art zu lehren. Das pädagogische Paradigma, das hinter dem Ideal des Fachlehrers steht, wird das nicht leisten können. Schon heute kommt das Modell des Fachlehrers an seine Grenzen und es wundert mich, warum nicht mehr unzufriedene Eltern nach einer neuen Art Lehrer schreien?

Was kann der Lernexperte besser machen? Er kann lernen lehren. Klingt wie eine Binsenweisheit. Aber das tut es nur, solange man nicht ernsthaft darüber nachdenkt. Denn was sind wir Menschen? Was macht unsere Kultur, unser Leben, unsere Art zu sein aus? Neben vielen anderen Antworten, die ihr finden werdet, ist es das Lernen. So viel ihr auch sucht, es wird kaum etwas geben, dass uns Menschen so sehr prägt und zugleich auszeichnet wie das Lernen.

Zu denken haben wir gelernt. Zu reden haben wir gelernt, genauso wie zu gehen, zu schreiben; und sogar das Lieben mussten wir lernen. Zwar sind wir nicht die einzige Spezies, die lernt und mittlerweile gibt es auch das maschinelle, autonome Lernen. Aber das ändert nichts daran, dass zu lernen, eines der Hauptcharakteristika der Menschheit ist.

Lernen ist jedoch nicht gleich lernen. Denn auch lernen muss lebenslang gelernt werden. Viele Lernfaule sagen, was Hänschen nicht lernt, lernt Hans nimmermehr. Sie wollen damit sagen, dass Lernen vor allem in der Jugend gelingt und später immer schwerer wird. Ich sage, das ist kompletter Schwachsinn und nur ein Ausdruck geistiger Faulheit.

Mir hat man als Jugendlicher gesagt, ich bin sehr gut im Lernen. Diese Meinung hatten quasi alle von mir. Zugleich habe ich in den letzten sechs Jahren mehr als doppelt so viel gelernt als wie in den zwölf Jahren zuvor. In diesen zwölf Jahren habe ich meinen Bachelor, Master und mein Staatsexamen gemacht. Dennoch habe ich seitdem noch mal extrem viel mehr und sowohl relativ als auch absolut mehr gelernt als in meiner Jugend, als ich ein Hänschen war. Das sage ich hier ausschließlich aus dem Grund, um zu beweisen, dass es im Alter nicht nur möglich ist, viel zu lernen, sondern dass es mit den richtigen Lerntechniken sogar möglich ist, das Hans deutlich mehr lernt als Hänschen.

Ich halte es für ausgemachten Blödsinn zu glauben, dass ein Jugendlicher grundsätzlich mehr und schneller lernen kann als ein Erwachsener. Natürlich lasse ich das nicht einfach im Raum stehen. Es sind Gründe wie Lerntechniken, aber auch die Einstellung zum Lernen, die Zielsetzung, genauso wie Willensstärke und Disziplin, die darüber entscheiden, wie viel und wie tief gelernt wird. Die entscheidenden Faktoren fürs Lernen sind größtenteils altersunabhängig!

Diese Aussage ist für unser Paradigma des Lernexperten oder der Lernexpertin wichtig, die ich ja hier als besser für das neue technologische Zeitalter anpreise als die aktuell dominanten Fachlehrer. Die Grundaussage ist, dass Lernen gelernt werden kann. Es gibt Hauptelemente des Lernens genauso wie unterstützende Elemente. Während der alte Fachlehrer einfach Wissen, Verstehen und Kompetenzen vermittelt und sie mit den klassischen Tests wie Klausuren und mündlichen Prüfungen überprüft, geht die Lernexpertin ganz anders an das Lernen heran.

Was uns im Leben erwartet, ist nur bedingt vorhersehbar. Das hat persönliche als auch Umweltgründe. Persönliche Gründe könnten etwa die Vorlieben sein, die sich plötzlich in einer späteren Lebensphase ändern. Da will der eine als Teenager unbedingt Ingenieur für Motoren im Autobau sein. Das ist okay für ihn und es macht ihn glücklich. Doch er ändert seinen Blickwinkel mit seinem vierzigsten Geburtstag und plötzlich möchte er gern Psychologe sein. Er entschließt sich berufsbegleitend den Bachelor in Psychologie zu machen und schließt dann mit einem Studienkredit den Master in Psychologie an.

Das ist zwar nur ein Beispiel, aber es passt zu heutigen Karriereplanungen. Dieser Mann muss dann mit vierzig noch einmal komplett neu- und umlernen. Ich finde das wunderbar. Ich habe das auch so ähnlich gemacht. Wenn auch nicht so krass., weil ich mich nur innerhalb meines Berufsfeldes neu orientiert habe. Dabei musste ich sehr viel lernen. Diesmal habe ich das so ernsthaft gemacht wie nie zuvor und deshalb hat es funktioniert. Etwas das Hänschen nicht möglich gewesen wäre. In den letzten sechs Jahren habe ich etwa meine Schreibkompetenz um das Fünfzigfache und meine Musizierfähigkeit um das Fünfundzwanzigfache im gleiche Zeitraum gesteigert.

Lernen kann gelernt und lernen kann gelehrt werden. Jeder der zu einem High Performer aufsteigen will, gemessen an den eigenen Möglichkeiten, muss sich zuerst und zuletzt dem Lernen zuwenden. Deshalb führt kein Weg daran vorbei, dem Lernen als allgemeiner Disposition viel mehr Platz in der Schule einzuräumen. Mit dem Lernexperten, der das Lernen kategorisch über das reine Wissen stellt, wie es der Fachlehrer mit seinem Bildungskanon getan hat, wird das Lernen zur ersten Instanz einer neuen Schule.

Allgemeinwissen war in der Generation meiner Eltern und Großeltern - auch in meiner noch - von großer Bedeutung. Nun was ist dieses Allgemeinwissen? Es ist ein bestimmter abgesteckter Bereich von Wissensinhalten, der nach alter Theorie für eine Bevölkerungsgruppe bindend ist und auch die Hierarchie innerhalb dieser Gruppe definiert. Früher gab es tatsächlich so etwas wie ein Allgemeinwissen, aber auch früher umfasste es nicht alles, war selektiv und wies regional Unterschiede auf. Zudem existierte es in einer Zeit, in der das Weltwissen überschaubar war.

Das Weltwissen ist nicht mehr überschaubar. Weder ein einzelner Mensch, noch eine humanoide Institution oder eine Serverfarm kann alles Wissen speichern. Es ist einfach zu viel. Zudem kommt hinzu, dass es sich alle paar Jahre verdoppelt. Ist es heute in seiner gesamten Komplexität schon nicht mehr fassbar, um wie viel weniger wird es möglich sein, wenn es sich wieder verdoppelt und dann einige Jahre später vervierfacht.

Das Paradigma des Allgemeinwissens ist obsolet und mit ihm hört meiner Meinung nach auch die Existenzgrundlage des spezifischen Fachlehrers auf. Wissen vermehrt sich heute so schnell, dass es große Nachteile bringt, einen Teil davon als bindendes Allgemeinwissen für ein Volk festzulegen. Dem steht übrigens nicht entgegen, dass es feste moralische Standards und spezifische Kompetenzbereiche gibt, die ein Volk verpflichtend abdecken muss, um überleben, als auch glücklich werden zu können.

Hier an dieser Stelle tritt der Lernexperte auf. Sein Gebiet ist das Lernen und zwar in doppelter Ausführung. Natürlich geht es dabei darum, den Schülerinnen und Schülern das Lernen beizubringen. Das wird allgemein bezogen auf die Disposition des Lernens in ihrer Gesamtheit; die psychische, soziale, aber auch physische und kulturelle Aspekte umfasst. Zugleich bezieht es sich auf das Lernen der Dinge, Ideen, Fähigkeiten, Konzepte, Strategien und und und …

Die zweite Seite der Lernexpertin zeigt, wie sehr sich ihr Paradigma vom Fachlehrer unterscheidet. Es geht um die Lernfähigkeit der LernexpertInnen selbst. Mag man mich dafür verurteilen, aber ich finde es schon irritierend, wenn eine Deutschlehrerin nie ein Buch geschrieben, ein WAT-Lehrer nie ein Business gegründet und ein Musiklehrer nie

Musik veröffentlicht hat. Das lässt sich äquivalent auf alle anderen Fächer übertragen. Warum finde ich das irritierend? Weil es zeigt, dass diese Person ihr Fach nicht lebt. Falls der Lernexperte Erfolg haben will, darf er nicht so werden!

Eine Lernexpertin muss sich zuerst einmal selbst durch ihre überdurchschnittliche Lernfähigkeit auszeichnen. Lernen wird und Lernen muss erlernt werden. Wir reden hier also von der Lernfähigkeit, die sie sich hart erarbeitet hat und die beweist, dass sie weiß, was sie tut, wenn sie lehrt. Die Lehrer und die Lehrerinnen der Zukunft sollten sich also dadurch auszeichnen, dass sie als Berufsstand auf einem Niveau des Lernens fähig sind, wie es keinem anderen Berufsstand möglich ist und zwar als Ausdruck ihrer Professionalität.

Das wird die Lernexperten fundamental von den heutigen Lehrertypen unterscheiden. Es gibt heute weder einen Anspruch, noch umfängliche Versuche den Standards der eigenen Unterrichtsfächer gerecht zu werden. Das wohl augenscheinlichste Beispiel sind die vielen Sportlehrer, die nur durch ihren BMI schon zeigen, dass sie nicht besonders viel Sport treiben können (das möchte ich nicht als Bodyshaming verstanden wissen, sondern einfach nur eine weit verbreitete Wahrnehmung schildern).

Die Lernexpertin ist nur dann eine echte Lernexpertin, wenn sie das Lernen liebt. Weshalb ist das so? Nun, die Antwort ist simpel. Wer das Lernen liebt, wird freiwillig und viel lernen. Abgesehen von den Techniken, Tricks und der nachhaltigen Steuerung von Lernprozessen, ist Lernen auch immer eine Trainingsfrage. Ähnlich wie ein Muskel, der durch das ständige Training mit Gewichten immer mehr Gewichte stemmen kann, können wir immer mehr lernen, wenn wir regelmäßig lernen. Gerade deshalb müsste die

Fähigkeit oder Kompetenz des Lernens unter einer neuen und zukünftigen LehrerInnengeneration mehr ausgeprägt sein als in jeder anderen Branche.

Lernen als Ideal. Lernen als Hobby. Lernen als tägliche Praxis. Lernen als Lebenseinstellung. Das klingt nur für die langweilig, die Lernen nicht mögen. Für alle die das Lernen lieben, klingt das wie die Verheißung des Paradieses. Wer lernen wirklich liebt, wird Sternchen und Herzen in den Augen kriegen, sobald er hört, dass er (oder sie oder ohne Pronomen) wieder lernen darf.

Wer begreift, das zu lernen, eines der zentrale Elemente des menschlichen Lebens ist, wird darin kein Problem sehen. Dass es Faule, Chiller und Bequemliche gibt, die das stören wird, ist vorherzusehen. Ich erinnere mich an ein Interview einer großen Persönlichkeit, die leider viel zu früh gestorben ist. Er war bekannt für seine extreme Arbeitsethik. Er sagte, dass er die Faulen nicht verstehe, weil sie eine komplett andere Sprache sprechen. Er meinte das wirklich als eine andere Sprache wie Deutsch oder Japanisch. Ich verstehe ihn gut!

Am Ende muss jeder von uns in sich eine Entscheidung treffen. Wir können uns dafür entscheiden, dass Lernen Spaß macht oder wir können es für blöd halten. Diese kleine Entscheidung hat maximale Wirkung. Sie sollte niemals unterschätzt oder als nebensächlich behandelt werden. Auch Jugendlichen muss das gesagt werden: Sie können für sich das Lernen als etwas gutes oder schlechtes bewerten. Wofür sie sich entscheiden, wird maximal dazu beitragen, wie sie in zehn, zwanzig oder fünfzig Jahren leben werden.

Erst als ich wirklich begriffen habe, wie viel Spaß Lernen macht, konnte ich wirkliche Lernsprünge machen. Es war nicht so, dass ich vorher nicht auch gern und viel gelernt habe. Aber der Unterschied war dann doch dramatisch. Denn jeder Viellerner (oder Lernerin) wird mir zustimmen, dass es einen Unterschied zwischen linearen Lernzuwächsen und echten Lernsprüngen gibt. Letzteres ist leider nicht zu prädestinieren, aber es kommt vor und fühlt sich fantastisch an.

5

Unser heutiges Weltwissen entwickelt sich mit rasender Geschwindigkeit weiter. Wir können gar nicht so schnell gucken, wie wieder ein Terabyte neue Literatur im Netz hochgeladen wird. Das Wissen des Fachlehrers hat schon immer nach einer bestimmten Zeitspanne seine Aktualität verloren gehabt. Doch diese Geschwindigkeit hat derzeit dramatisch zugenommen. Schon nach einem Jahrzehnt könnten wir nicht mehr garantieren, dass das Fachwissen als auch die spezifische Didaktik für ein Unterrichtsfach noch den zeitgemäßen Standards entspricht. Genau an dieser Stelle kommt der Vorteil der Lernexpertin ins Spiel.

Wie sollen wir mit der immer schnelleren Entwicklung umgehen, außer immer schneller und besser zu lernen, um auf der Höhe der Zeit bleiben zu können? Ich halte die Fähigkeit des Lernens für deutlich entscheidender in einer prognostizierten hypertechnologischen Zukunft als die Fähigkeit des Wissens und Verstehens, um beruflich und privat erfolgreich sein zu können.

Mit dieser Behauptung werde ich viele Gegenstimmen provozieren. Aber wer gut lernen kann, kann sich nun mal leichter neues Wissen und besseres Verstehen erarbeiten. Wer allerdings nur Wissen und Verstehen besitzt, kann nicht zwangsläufig auch gut etwas Neues lernen, wenn es die Situation erfordert. Tatsächlich könnte sich der Zwang an bereits vorhandenem Wissen und Verstehen festhalten zu müssen, als essentieller Nachteil im Überlebenskampf herausstellen.

Schauen wir uns die letzten drei Jahrzehnte an, dann hat die Dynamik enorm zugenommen. Das Gleiche gilt für die Volatilität. Sicherheiten, die für Jahrzehnte gegolten haben, haben sich aufgelöst. Zugleich verlieren Alltagswahrheiten im Rekordtempo ihre Deutungshoheit, weil immer neue Theorien, Fakten, aber auch Fake News auf dem Markt ausgestreut werden. Es ist nicht so wie in den Siebzigern oder Achtzigern, wo es viel Neues gab. Es ist heute eher so, dass alles sobald es das Neue geworden ist, schon wieder von dem nächsten Neuen abgelöst wird. Eine Welle disruptiver Innovationen nach der anderen rast über die Erde.

Glaubt wirklich noch einer, dass mit dem Wissen, das eine Lehrerin in ihrem Studium in den 1990er Jahren erworben hat, sie heute noch zeitgemäßem Unterricht machen könnte? Dasselbe gilt für Lehramtsstudenten heute: Haltet ihr es wirklich für möglich, dass ihr Wissen in zwanzig Jahren nicht überholt sein wird?

Wer beständig lernt, kann beständig dazu lernen. Noch mehr sogar kann er oder sie durch das ständige Training im Lernen nach einiger Zeit immer besser und schneller lernen. Auch wenn das Lernen keine Fähigkeit ist, die linear gesteigert werden kann, so kann sie zweifelsfrei gesteigert werden.

6

Gibt es das Lernen als eine allgemeine Disposition. In der Forschungsliteratur habe ich widersprüchliche Aussagen gefunden. Deshalb habe ich mich entschieden, mich bei der Beantwortung dieser Frage ganz auf meine Erfahrungen zu verlassen und dann ist die Antwort ein klares Ja. Es gibt eine allgemeine Lernfähigkeit, die sich in jedem Lernprozess manifestiert.

Wenn ich das sage, schließt das die Tatsache mit ein, dass jeder Lernprozess aus vielen Teilen besteht. Letztendlich gibt es nichts im Universum, das nicht aus Teilen besteht oder der Teil eines Größeren ist, zumindest vermittelt mir die Wissenschaft, als auch jede ernstzunehmende Ontologie diesen Eindruck. Deshalb steht es nicht im Widerspruch zu behaupten, dass es eine allgemeine Disposition des menschlichen Lernens gibt. Was wiederum auch nicht im Gegensatz zum maschinellen und tierischen Lernen stehen muss.

Da es diese allgemeine menschliche Lerndisposition gibt, kann sie verstärkt werden, mit dem Ziel besser lernen zu können. Aktuell bin ich als Lehrkraft nirgendwo direkt verpflichtet, den Jugendlichen explizite Lerntechniken beizubringen oder gezielt und direkt ihre Lernfähigkeit zu verbessern. Implizit bin ich selbstverständlich dazu verpflichtet. Beides stelle ich hier aber bewusst als einen unvereinbaren Gegensatz in den Vordergrund.

Wenn etwas für unsere Kinder und Jugendlichen besonders wichtig ist, dann muss es explizit, direkt und zentral vermittelt und nicht so behandelt werden, dass man davon ausgeht, dass es durch bestimmte Übungen zwangsläufig nebenbei entwickelt wird. Letzterem stimme ich sogar zu. Sie können ihre Tests nicht bestehen, ohne zu lernen. Aber wenn sie die Tests schreiben, um explizit das Lernen und den Einsatz ihrer vermittelten Lerntechniken zu trainieren, würden sie langfristig für das Leben mehr lernen und sie würden insgesamt einen höheren intellektuellen Mehrwert davon haben.

Ehrlich, wenn ich auf mein Studium zurückblicke, dann haben wir kein einziges Mal explizit über Lerntechniken gesprochen. An sich sollte man in einem Lehramtsstudium erwarten, dass es mindestens ein komplettes Modul zum Thema Lernen mit Lerntechniken geben sollte mit Vorlesungen, Seminaren und Übungen. Aber bei mir gab es das nicht. Auch in der Literatur habe ich wenige explizite Handreichungen für Lehrkräfte gefunden, die das Thema des Lernens als eigenständige und zentrale Dimension behandelt haben.

Ich wünsche mir ein Lehramtsstudium, wo sich alles um das Thema des Lernens aufbaut. Für die Studierenden müsste das zentral auf drei Bereiche aufgeteilt werden. Der erste Bereich wären die Theorien des Lernens. Wenn man länger sucht, gibt es dazu ziemlich viel. Vor allem ist es ein Thema, das historisch seit langem einen hohen Stellenwert hat. Es lassen sich damit sicher etliche Semester füllen.

Der zweite Bereich ist natürlich das Lernen der Schüler und Schülerinnen. Die Lehrkraft existiert nicht losgelöst von den SuS, sondern ihre gesamte Existenz begründet sich aus dem Vorhandensein eines zu Belehrenden. Dieser kann nur dazu werden, indem er oder sie lernt. Etwas Erlerntes ist wie das Gut, das gehandelt wird, wenn wir es aus ökonomischer Perspektive betrachten. Es muss darum gehen, wie Kinder lernen, um deren Lerntypen, natürliche und künstliche Lernzyklen, förderliche Umgebungen fürs Lernen, als auch die Effizienz der jeweiligen Lernmaterialien und wie die jeweiligen Medien für einen maximalen Lernerfolg genutzt werden müssen.

Der dritte Bereich richtet sich fundamental an alle zukünftigen Lehrkräfte. Dieses Herangehen unterscheidet dieses Studium von seinem Vorgänger. Denn es geht um nichts anderes, als die Studierenden zu maximal guten Lernern zu machen. Das Ziel ist, ihre Lernkompetenz weit über das durchschnittliche Niveau anderer Studiengänge zu steigern. Denn sie sind Lernexperten, aber ihre Expertise wäre nicht viel wert, wenn sie im Lernen keine Experten wären.

Leider fehlt mir eines beim heutigen Typ Lehrer besonders. Ich schätze, es ist nicht mehr als ein Drittel der Lehrkräfte, die für ihr studiertes Fach wirklich brennen und es auch im Privaten leben, als gäbe es nichts besseres für sie. Das Beispiel einer Rektorin ist mir in Erinnerung, für die ich viele Jahre gearbeitet habe. Sie war studierte Musiklehrerin. Aber sie lebte die Musik nicht. Tatsächlich wurde an der ganzen Schule offiziell kein Musik unterrichtet. Ich wollte es und habe sogar mehrere Anträge auf der Lehrerkonferenz eingereicht, damit ich es wenigstens für einen Jahrgang jeweils machen könnte, um deren Bildungslücke zu schließen. Aber alles musikalische wurde konsequent abgeschmettert.

Nun wer nicht Lehrer werden will, soll es nicht tun. Der Job ist einfach zu wichtig und er funktioniert nur mit genug Glaubwürdigkeit. Das ist selbst bei Ärzten anders. Es reicht, wenn die gut sind. Aber wenn ein Lehrer oder eine Lehrerin nur gut ist, aber auf tieferer Ebene sein Lehrerdasein nicht lebt, dann werden es die Kids spüren und wer mit Kids arbeitet, weiß, wie gut sie darin sind, unter die Oberfläche zu gucken.

Lernexpertin sollte nur werden, wer gelernt hat, das Lernen zu lieben. Ehrlich ich liebe das Lernen. Klar, beziehe ich das vor allem auf die Dinge, die ich lernen will. Damit meine ich das selbstbestimmte Lernen. Aber an sich habe ich auch nichts gegen das Lernen von Dingen, die nicht meine Favoriten sind, solange die Rahmenbedingungen fair und wertschätzend sind.

Lernen ist mehr als ein Ideal. Lernen ist überlebenswichtig. Im letzten Krieg sind neben vielen unschuldigen Millionen Ausländern auch viele Millionen Deutsche gestorben. Dennoch wählen dieser Tage wieder Millionen Deutsche eine rechtsradikale Partei. Hat unser Volk gar nichts gelernt? Wie gefährlich es ist, nicht dazuzulernen, zeigt uns die Geschichte. Lernen ist wirklich überlebenswichtig und wir werden nicht nur literarisch, sondern in echt sterben, wenn wir aus den großen Fehlern der Vergangenheit nicht lernen.

Lernen ist im Grunde das ganze menschliche Leben. Wir lernen von dem Tag an, da wir das Licht der Welt erblicken. Wir kommen mit fast nichts auf die Welt und von da an müssen wir lernen. Wie gut wir lernen, entscheidet darüber, wie weit wir es in der Welt schaffen oder nicht. Ob wir das gut finden oder nicht, die Welt funktioniert so. Wer am besten das Richtige lernt, wird am meisten Erfolg haben. Wir brauchen uns nur die Profiligen und Charts in den USA angucken, um zu verstehen, wie war das ist.

Die wichtigste Konstante ist dabei immer das Vergessen. Wir lernen und vergessen. Sokrates sagte, ich weiß, dass ich nichts weiß, wurde oft dahingehen interpretiert, wie sehr er sich bewusst war, dass er so viel vergessen hatte. Vielleicht wird das die Meisterschaft im Lernen ausmachen, nämlich das Vergessen bewusster steuern zu können, um daraus wiederum einen Mehrwert für Lernen und auch fürs Leben zu erschaffen.

Der Lernexperte definiert sich durch die Fähigkeit, extrem gut lernen zu können. Das muss er gar nicht von Natur aus mitbringen. In seinem Studium muss er das erlernen oder die stabile Basis dafür schaffen, das im weiteren Verlauf seiner Karriere garantieren zu können. Dieser Anspruch an das neue Lehramtsstudium übersteigt den der heutige Konzepte fundamental. Ich will sie gar nicht alle schlecht machen. Sie waren gut für die Moderne und Postmoderne geeignet. Aber wir sind ein Zeitalter weiter und wir sollten nicht in der Vergangenheit leben, falls wir in der Gegenwart erfolgreich sein wollen.

Ob ein Studium, das genauso aufgebaut ist wie die heutigen Studiengänge, es nachhaltig leisten kann, diesen Traum der Lernexperten als LehrerInnen der Zukunft lebendig werden zu lassen, weiß ich nicht. Aber ich weiß, dass die Unis selbst dieser Tage nicht viel anders funktionieren als die Unis vor zweihundert Jahren. Klar nutzt man für vieles schon das Internet, aber dabei hat man eigentlich nur die alte Art von Arbeit, Aufgaben und Unterrichtsformen auf das Internet übertragen. Man hat also den medialen Umfang erweitert, aber das ist überhaupt noch keine echte Erweiterung oder Weiterentwicklung der Didaktik.

Wollen wir den nächsten evolutionären Schritt in der Pädagogik, dann müssen wir bereit sein, die Arbeit zu investieren und wir müssen lernen über den Tellerrand zu schauen. Im Bereich Erziehungswissenschaft, Didaktik und

Pädagogik geschieht das dieser Tage noch nicht. Das ist mir unbegreiflich, angesichts dessen das wir in der größten Bildungskrise in der Geschichte unseres Staates stecken. Indem wir immer nur Altes wieder neu aufwärmen, werden wir die vielen Strukturprobleme nicht lösen, noch den komplexen Herausforderungen der Zukunft gerecht werden.

Fassen wir zusammen: Mindestens dreifach müsste ein Studium für die LernexpertInnen sein. Zum Ersten geht es um die Lerntheorien in Theorie und Praxis. Dann geht es darum, wirklich zu verstehen, wie Kinder und Jugendliche lernen, um daraus eine anwendungstaugliche Disposition zu entwickeln. Zum Schluss geht es um die Lernfähigkeit der zukünftigen Lehrer und Lehrerinnen und wie sie so weit gesteigert werden kann, dass es keiner anderen Berufsgruppe möglich ist, mit diesem Lernniveau mitzuhalten.

Das wären die drei Bereiche, wenn wir von oben auf ein zukunftstaugliches Lehramtsstudium schauen. Im Einzelnen sind die Facetten und Varianten natürlich um ein Vielfaches vielfältiger. Dennoch sind die Vereinfachungen nötig, um die Richtung und das Ziel klar bestimmen zu können. Sobald das gelungen ist, lassen sich erst die Details organisieren.

Es ist mühselig, das extra sagen zu müssen, aber kann ein Studium im Zeitalter des Internets und der beginnenden Hypertechnologie, das auf den Maximen des Zeitalters vor der Verbreitung des Internets fußt, den Anforderungen der neuen, technologischen Zeit gerecht werden? Wir brauchen das nicht zu beantworten. Es ist eine rhetorische Frage. Ein scholastischer Unterricht, wie er dem Mittelalter entsprach, war im Zeitalter der Industrialisierung auch überholt.

7

An anderer Stelle habe ich geschrieben, dass ich nur noch drei Fächer als Pflichtfach behalten und alle anderen zu reinen Wahlfächern nach den Wünschen der SuS machen würde. Das wären der Wirtschaftsunterricht, der Unterricht in Heimatsprache und demokratische Ethik. Das einzige Unterrichtsfach, was noch mit einer Stunde pro Woche unterrichtet werden sollte, wäre in Allgemeinbildung, um zu verhindern, das Kreationisten, Flatearther und Querdenker mit ihrer Dummheit durchkommen können. Ich will darauf nicht weiter eingehen, weil ich es an anderer Stelle schon getan habe. Dafür will ich auf den Teil der freien Wahl eingehen.

Nehmen wir an, den Pflichtteil decken wir mit vierzehn Stunden ab bei circa zweiunddreißig Wochenstunden. Dann bleiben den Jugendlichen achtzehn Stunden, die sie komplett frei wählen dürfen. Bevor wir auf weitere Vorteile eingehen, möchte ich betonen, wie sehr ich den Aspekt der Freiheit in der Bildung liebe. Er braucht zwar Rahmenbedingungen, um funktionieren zu können, die teilweise schwerer zu erzeugen sind als für einen Frontalunterricht. Außerdem kann er von externen und internen Kräften leicht gestört werden. Aber abgesehen davon, ist es einfach nur das Allerbeste, den SuS so viel Freiheit wie möglich zu ermöglichen.

Die Idee, dass die wahre Größe unseres menschlichen Geistes aus Freiheit entsteht, ist sehr alt. Wir finden sie bei Kant, aber auch schon bei den antiken Philosophen und bei dem Buddha in Indien. Derzeit spielt Freiheit im Konzept der Schule kaum eine Rolle. Alles ist vorweg geplant. Die Jugendlichen laufen durch ihre Schuljahre wie auf einer

Schnitzeljagd, nur dass es ihnen nicht so viel Spaß macht wie eine echte Schnitzeljagd. Auch in Deutschland, vor allem in den Universitäten, hat die Freiheit des Lebens als Freiheit des geistigen Strebens eine lange Tradition. Alle Lehrkräfte werden in den Unis ausgebildet und doch schlägt sich diese Tradition weder in den Rahmenlehrplänen oder Konzepten, noch im Schulalltag nieder.

Unser Geist hat sich in den weit über hunderttausend Jahren entwickelt, als unsere Vorfahren als wilde Nomaden umhergezogen sind. Nach meiner Interpretation der Forschung haben sich in den letzten dreitausend Jahren zwar unsere Kulturtechniken extrem weiterentwickelt, aber die allgemeine Kapazität unserer Geistestätigkeit ist im Grunde gleich geblieben. Es wäre interessant herauszufinden, wie viel der alten freien Lebensweise zur Entwicklung der spezifisch menschlichen Intelligenz beigetragen hat.

Natürlich können wir Freiheit in den Schulen nur anbieten, wenn wir sichergestellt haben, dass es keine körperlichen Übergriffe geben wird. Derzeit explodieren die Fälle von Gewalt von Schülern gegen ihre MitschülerInnen oder gegen Lehrkräfte. Ich glaube, die deutsche Schule erlebt eine Welle an schulinterner Gewalt, die beispiellos in der gesamten Geschichte der deutschen Schule ist. Es ist eine traurige Entwicklung, die definitiv auch durch die falschen Konzepte verursacht worden ist und die nicht nur mit externen Faktoren erklärt werden kann. Wir müssen das sehr ernst nehmen. Aber sobald die Gewalt im Griff ist, müssen wir uns die Frage stellen, warum wir unseren Jugendlichen nicht viel mehr Freiheit im Unterricht, beim Lernen und bei ihrer Unterrichtsgestaltung einräumen?

Was könnten wir heute für Freiheiten ermöglichen, wenn wir die technischen Möglichkeiten komplett ausnutzten würden! Nehmen wir an, wir hätten wirklich gutes Material hochgeladen, das jeweils in Form von Audios, Videos und Texten angeboten wird. Dazu werden voll automatisierte Multiple Choice Tests durchgeführt, um das Basisniveau zu sichern. Die SuS könnten sich auf dem Schulgelände frei bewegen. Der AI Assistent würde ihre Lernfortschritte überwachen und sie dann Lerngruppen empfehlen, die sich selbst organisieren oder von LuL geleitet werden.

Die LuL werden in diesem Szenario nicht obsolet, wie es Skeptiker und Sparer glauben oder hoffen. Denn während die digitale Technik das Basisniveau garantiert, tut der Lehrer sich dann hinsetzen, um mit den Schülern und Schülerinnen auf ein sehr hohes Niveau zu klettern. Ob man das jetzt Exzellenzniveau oder Highperforming nennt, ist redundant. Das worum es geht, ist, dass die technische Entwicklung es möglich macht, während der Schulzeit mit deutlich mehr SuS dieses Niveau zu erreichen, als jemals zuvor (wobei bei den meisten Highperformern bisher nicht die Schule der Grund für ihr Leistungsniveau ist).

Wir brauchen dieses Niveau und es wird zum ersten Mal möglich, es auf breiter Basis zu erreichen. Natürlich nur wenn wir es richtig machen und das betone ich aufgrund der Erfahrungen der gescheiterten Reformen, deren Ansätze immer zum Sparen missbraucht wurden und zu disruptiven Ergebnissen geführt haben. Fakt ist und das sollte sich jeder Politiker und jede Ministerin bewusst machen, die über die Finanzen entscheidet, wenn unser Wirtschaftsmodell weiterhin so erfolgreich sein will, dann brauchen wir diese Masse an Highperformern. Auch wenn ich nichts gegen die

Berufe habe, aber mit Frisörinnen, Fastfood Verkäufern und Putzkräften kann man keine führende Wirtschaft werden.

Der Markt verändert sich. Die Welt verändert sich. Selbst die Bevölkerung verändert sich. Kann die Schule da dieselbe bleiben? Die Frage ist selbstverständlich rhetorisch, aber leider nötig, denn faktisch bewegt sich nichts. All die vielen Versuche etwas zu verbessern, sind bei genauem hinsehen nichts anderes als aufgewärmte Konzepte, die schon vielfach ausprobiert worden sind (und scheiterten).

Wir brauchen den nächsten evolutionären Schritt in der Bildungslandschaft. Wie der aussehen kann, soll jede:r für sich selbst beantworten. Ich stelle hier meinen Weg vor. Es ist der Lernexperte. Diese Fachkraft ist meiner Ansicht nach in der Lage, den Anforderungen dieses neuen Zeitalters gerecht zu werden. Sie ist mehr dazu in der Lage als das jetzige Modell.

Ich glaube, dass wenn es richtig gemacht wird, dass es der einzige Weg ist, unsere nächste Generation im großen Stil zu Highperformern zu machen, inklusive einer geringeren Burnout-Rate als aktuell. Das ist deshalb wichtig, weil unser spezifisch deutscher Wirtschaftsstandort diese Art von Fachkräften braucht, um sich wirtschaftlich weiterhin so zu entwickeln wie in den letzten hundertfünfzig Jahren. Die wichtigste Annotation ist natürlich, dass es diese Art von Highperformern und ihr Ansehen als erstrebenswertes Ideal war, das Deutschland zu der wirtschaftlichen Macht gemacht hat, die wir waren und in Ansätzen noch immer sind.

Wir brauchten die Lehrer in der Vergangenheit und wir werden die Lehrerinnen in der Zukunft brauchen. Ihre Arbeitsweise muss sich angesichts der technologischen und kulturellen Entwicklungen selbstverständlich verändern. Das hat übrigens weniger mit dem Kleinkrieg gegen den Frontalunterricht zu tun, den viele an den Unis führen. Sondern es geht um ein viel umfassenderes Bild, das ich bei keinem der Aufsätze, Essays und Monographien gefunden habe, die ich zum Thema Pädagogik und Didaktik rezipiert habe.

Freiheit ist ein zentraler Aspekt, der den Lernexperten definiert und legitimiert. Das beginnt und endet damit, dass wir meiner Recherche nach in den Biografien aller großen Denker unserer Spezies die Forderung und Bestätigung finden, wie entscheidend Freiheit für die Vervollkommnung unserer geistigen Fähigkeiten ist. Deshalb und aus vielen anderen Gründen würde ich den überwiegenden Teil des Stundenplans von den Kids frei wählen lassen. Abgesehen von den circa vierzehn Stunden, die wir vorgeben, in denen inhaltlich trotzdem viele Wahlangebote gemacht werden könnten, dürften die SuS alle anderen Stunden komplett selbst wählen.

Ich denke, das ist ab Klasse sechs möglich und es ist nötig. Die Entwicklung unserer Spezies beruht auf Spezialisierung. Besonders unsere deutsche Kultur hat sich seit fast zwei Jahrhunderten dadurch ausgezeichnet, dass wir extrem hochqualifizierte Spezialisten hervorgebracht haben. Klar gab es darunter auch negative Beispiele. Aber schauen wir uns an, wie viele deutsche Erfinder es in den Zeiten vor dem Dritten Reich gegeben hat, dann kriegen wir einen Eindruck davon, warum gerade wir das Spezialistentum brauchen.

Ich spare mir hier all die großen Namen aufzuzählen. Die Liste ist lang. Leider wird sie nicht mehr so schnell länger wie noch vor Jahrzehnten. Wir haben unseren Bildungsanspruch aufgegeben und zudem wird harte Arbeit (also ab siebzig

Wochenstunden zuzüglich der qualitativen Komponente) mittlerweile negativ bewertet, obwohl das geradezu das Merkmal ist, das die Deutschen zu Deutschen gemacht hat. Der Preis für diesen Kulturwandel ist mehr als nur ein grassierender Wohlstandsverlust.

Warum sollte jemand, der unbedingt mit Computern, AI und digital, smart und interaktiv arbeiten will, viele seiner prägendsten Jahre damit verschwenden, Kunst, Musik oder Bio zu lernen? Oder im meinem Fall: Ich habe mich im Schuldienst auf Musik spezialisiert, angefangen beim Spiel von mehreren echten Instrumenten bis hin zur digitalen Musikproduktion mit einer DAW und derzeit arbeite ich daran, mir noch einen dritten Schwerpunkt zu erarbeiten. Da gab es diesen Jungen im letzten Jahr. Er war bereit, zuhause freiwillig sich jeden Tag hinzusetzen und seine vier und mehr Stunden zu üben. Hätte der bei mir seine achtzehn Stunden freigewählter Unterricht absolvieren können, dann hätte ich ihn wirklich fit für den harten Musikmarkt machen können, auf dem Übungszeiten an die hundert Wochenstunden in den Lehrjahren die Regel sind, falls man es schaffen will.

Ich glaube an die Spezialisierung. Zwar glaube ich nicht, dass ein Kind sich schon festlegen muss, was es den Rest seines Lebens machen will. Ich finde es sehr gut, sich auszuprobieren und auch Sackgassen einzuschlagen. Dafür ist die Kindheit da. Sollen sie sich ausprobieren, wie sie es wünschen. Unsere Aufgabe ist, das möglich zu machen. Mit einem freien Lehrplan, der von Lernexperten auf hohem Niveau durchgeführt wird, wäre das möglich.

Was noch viel mehr möglich wäre, wäre für die Kinder und Jugendlichen, die schon genau wissen, was ihre größte Leidenschaft ist, den Raum zu schaffen, um das zu tun. Es gibt diese Jugendlichen. Sie wissen genau, was sie wollen und sie sind bereit, dafür alles zu tun. Leider gibt es in der Region der beiden angrenzenden Bundesländer, in der ich arbeite, kaum Förderung von Hochbegabungen oder Talenten. Wir versuchen allen Problemfällen so viel wie möglich zu bieten, aber zeitgleich vernachlässigen wir die Hochmotivierten sträflichst. Warum hat so ein Kind weniger Recht, wirklich ernst genommen zu werden als ein verhaltensauffälliges Kind? Faktisch ist es aber das, was wir mehrheitlich machen.

Könnten wir den Hochmotivierten die Möglichkeiten, den Raum und die Zeit geben, ich glaube wir würden endlich wieder echte pädagogische Wunder erleben. Bei manchen erwacht das Talent später, bei manchen früher (falls es gar nicht erwacht, liegt das am falschen Erziehungsideal, denn jede:r trägt besondere Gaben in sich). Geben wir endlich den Frühstartern die Chance, ihr inneres Licht zum Leuchten zu bringen!

Ich glaube, es gibt viele Beispiele, die zeigen, wie wichtig frühkindliche Bildung ist. Wir ernähren uns noch Jahrzehnte von dem intellektuellen Futter, das sie uns in den Schulen geben. Umso wichtiger ist es, dass wir endlich aus der aktuellen Bildungskrise rauskommen. Für jemanden, der wie ich im Großraum Berlin arbeitet, ist es ein Wunder, dass wir immer noch so gut in den internationalen Vergleichsstudien abschneiden. Denn was wir Lehrkräfte hier erleben, ist unbeschreiblich und hat nichts mehr mit einem geregelten Schulunterricht zu tun, sondern gleicht einem permanenten Ausnahmezustand.

Es ist angemessen, den Schülern und Schülerinnen mit Problemen, Handicaps und Verhaltensauffälligkeiten zu helfen und sie zu unterstützen. Aber dass das dazu führt, dass alle die, die keine Probleme haben, hinten runterfallen, wie es aktuell im Land die Regel ist und dass besonders Talentierte nicht die Förderung bekommen, die nötig wäre, damit sie wirklich Weltmaßstab erreichen, ist absolut unfair. Alle Schülerinnen und Schüler haben die gleichen Rechte verdient. Wenn wir alle unsere Kräfte auf die Hilfe für die Schwachen konzentrieren, dann werden die Leistungsstarken anfangen sich genauso wie die Lernschwachen zu verhalten, damit sie wahrgenommen werden. Dieses Phänomen beobachten wir im großen Stil im Großraum Berlin.

Vielleicht gibt es hier in Berlin ein paar Kids, die das Potential hätten, das zu leisten, was ein Bill Gates geleistet hat. Aber sie werden dieses Potential nicht entfalten können, weil sie überhaupt nicht die Mittel bekommen, um ihr volles Potential zu entfalten. Bill Gates erzählt in seinen Interviews oft, dass er auf einer Schule war, die als erste über Computer verfügte. Deshalb konnte er später zu einem der weltweit einflussreichste Techmogule werden. In einem Interview erzählt er, wie mehrere seiner Klassenkameraden auch ganz große Nummern in der Tech-Start-up Szene des frühen Silicon Valley geworden sind, weil sie in der Schule als einige der ersten Schüler Zugang zu Computern hatten.

Potential und Talent reichen nicht aus. Konrad Zuse, Albert Einstein, Daimler, Benz, Siemens und Robert Koch all das sind große Erfinder geworden, weil sie in einem Deutschland gelebt haben, das Bildung extrem wichtig genommen hat. Es tut mir leid, dass ich in diesem Zusammenhang keine Frau nennen kann. Damals waren die Frauen leider systemisch benachteiligt. Wobei ich mir beim aktuellen Bildungssystem die Frage stelle, ob es in der Zukunft mehr Frauen aus Deutschland geben wird, die zu großen Innovatoren werden?

Freiheit als Maxime der Unterrichtsgestaltung wird durch die Lernexpertin wirklich möglich. Denn sie lernt schnell und kann sich gezielt den spezifischen Anforderungen der Lernbedürfnisse ihrer Lerngruppe(n) anpassen wie sonst kein anderer. Dadurch kann man am Zahn der Zeit lernen, wie es der derzeitigen Schule flächendeckend misslingt.

8

Kein einziges Mal hat man mir im Studium spezifische Lerntechniken beigebracht. Ich habe wirklich viele Themen behandelt, aber es ging nie explizit um die Lerntechniken. Zwar gab es das Methodentraining, aber das waren fast ausschließlich Sozialformen, weil ich in der Zeit studiert habe, als die Unis gerade einen Kleinkrieg gegen den Frontalunterricht geführt haben.

Heute scheint das nicht anders. Es geht vor allem darum, jeden Gegner des integrativen Unterrichts zu vernichten. Aber das Lernen von Lerntechniken ist meines Wissens und meiner Recherche nach nirgends ein fester Bestandteil des Lehramtsstudiums. Wieso ist das so, fragt sich jeder mit gesundem Menschenverstand? Ist es denn nicht die Aufgabe der LuL, den Kids das Lernen beizubringen? Wie soll das gehen ohne eine vertiefende Kenntnis über Lerntechniken? Oder erwarten sie, dass die Lehrkraft sich selber hinsetzt, um die Lerntechniken zu erlernen? Wenn ja, wozu brauchen wir das Lehramtsstudium dann noch?

Die letzte Frage ist deshalb derzeit so brandaktuell, weil durch die vielen QuereinsteigerInnen das Lehramtsstudium massiv entwertet und dadurch nachgewiesener Maßen die

Unterrichtsqualität gesenkt worden ist. Ich bin kein Fan, von dem wie das gemacht worden ist. Denn für uns Lehrkräfte, die wir regulär studiert haben, war das ein großer Schlag in die Fresse und eine Herabwürdigung unserer fachlichen Kompetenz. Man hätte diese Leute auch erst einmal acht bis zehn Jahre als HilfslehrerInnen arbeiten lassen können, ehe man ihnen alle Vorzüge gibt, die wir uns durch ein hartes Studium erarbeitet haben. Die Art, wie es gemacht worden ist, hat extrem viele reguläre Lehrkräfte demotiviert und ihre Leistungsbereitschaft gesenkt.

Das was wir in jeder Stunde machen, ist lernen. Die Schule ist ein Ort des Lernens. Dieses Lernen ist natürlich mehr, als nur ständig neues Wissen aufzunehmen oder neue Dinge kennenzulernen. Wer nur das mit dem Lernen verbindet, hat keinerlei Ahnung. Die wichtigste Lerntechnik trotz aller Fortschritte in der Didaktik und der technologischen Entwicklungen ist noch immer die Wiederholung. Alle Spitzensportler, Musikerinnen und Künstler sind zu ihrer Expertise durch repetitive Übungen gekommen. Das war harte Arbeit.

Musikerinnen sitzen stundenlang im stillen Kämmerlein, um eine Stück zu lernen. Die Eiskunstläuferin führt dieselbe Bewegung tausende Male aus, ehe sie wettkampftauglich ist. Das ist die harte Realität, zu der wir die Kids hinführen müssen, wenn wir sie zu Spitzenleistungen bringen wollen. Wer das übrigens nur von außen betrachtet, denkt das ist eine Qual. Der Weg zu lernen, eine Sache, egal ob es ein Musikstück oder eine sportliche Aktivität ist, immer wieder zu tun, ist anstrengend. Aber sobald man sich daran gewöhnt hat, macht es deutlich mehr Spaß und fühlt sich besser an, als immer irgendetwas Neues zu tun.

Gelegentlich gab es im Studium tatsächlich etwas zum Lernen. Nämlich ging es um die Sinne. Es gibt (angeblich) LernerInnen, die jeweils nur mit bestimmten Sinnen gut lernen können. Da haben wir den auditiven und den visuellen Lerntyp. Das ist ein guter Ansatz. Doch haben die Universitäten dazu keine einfachen praxistauglichen (und wenig zeitaufwendigen) Testungen entwickelt. Noch habe ich im Schulalltag Zugang zu Unterrichtsmaterialien, um die nach den Sinnen eingeteilten Lerngruppen verschieden zu unterrichten. Ich könnte mir diese Sachen zwar kaufen oder jedes Mal selbst anfertigen. Aber ich finde es unangemessen, dass eine Arbeitskraft sich ihre Materialien selbst herstellen oder kaufen muss. Wir erwarten auch nicht, dass der Facharbeiter bei einem Autobauer sich seine Werkzeuge und Software selbst herstellt. Das Arbeitsmaterial zur Verfügung zu stellen, ist Aufgabe des Arbeitgebers!

Ich fände es gut, wenn wenigstens dieser Weg so schnell wie möglich umgesetzt wird. Aktuell können wir realistisch nur ein Medium und dessen spezifisch sensorischen Zugang in einem Lernthema anbieten. Bei circa 25 Wochenstunden Unterricht ist es nicht möglich, jeden Unterricht wie in den Prüfungsstunden im Referendariat vorzubereiten. Zusätzlich kommen noch Konferenzen, Elternarbeit und viele andere Dinge wie Aufsichten, Wandertage und Schülergespräche in unserem Beruf hinzu.

Ist gutes Material eine Grundvoraussetzung für guten Unterricht? Absolut ist es das nicht. Dennoch ist es ein Armutszeugnis, wenn eine der größten Wirtschaftsmächte nicht genug Geld in ihre Jugend investiert. Im Endeffekt würde ich lügen, wenn ich behaupte, dass es mehr als einen klugen, empathischen und kreativen Lehrer oder Lehrerin braucht. Letztendlich reicht das, denn es hat Jahrhunderte so funktioniert. Dennoch darf es gern mehr sein.

Die bekannteste Lerntechnik ist die Loci Methode. Es handelt sich dabei um eine gute Mnemotechnik. Sie arbeitet mit Bildern und Assoziationen. Angeblich ist sie besonders bei Gedächtnissportlern sehr beliebt. Sie greift viel auf den visuellen Kortex unseres Gehirns zurück und verknüpft bestimmte Orte mit zu lernenden Variablen.

Es gibt viele solcher Mnemotechniken. Ich werde sie hier nicht alle aufzählen. Manche arbeiten mit Geschichten, andere mit Schlüsselwörtern, Reimen oder Zahlen. Der Punkt ist an dieser Stelle wieder und immer noch, warum dieses Wissen nicht explizit in den Schulen und im Lehramtsstudium vermittelt wird? Jeder SuS braucht dieses Wissen (natürlich um daraus eine Anwendungskompetenz zu entwickeln). Genauso braucht es jede Lehramtsstudentin doppelt. Einmal um so im Studium alles lernen zu können. Zum Zweiten um es später vermitteln zu können.

Neben den Techniken und Strategien des Lernens spielen auch die Emotionen eine sehr wichtige Rolle beim Lernen. Ich persönlich glaube, dass sie sogar noch wichtiger für den Lernerfolg sind als die bloße Anwendung bestimmter Lerntechniken. Dabei beziehe ich mich keineswegs nur auf das Gefühl der Motivation. Meiner Erfahrung nach können wir die Gefühle nicht voneinander trennen und sie wie separate Baukästen behandeln. Sie sind ein komplexer Fluss. Scheinbar gegenteilige Gefühle sind von einer subtileren Position aus betrachtet in der Regel nur zwei Seiten einer Medaille.

Auch der Umgang mit unseren Gefühlen ist erlernbar. Das wird indirekt in den Schulen vermittelt oder zumindest habe ich diesen Eindruck. Aber das Wissen dazu, welches in den Schulen im Umlauf ist, ist äußerst oberflächlich. Ich glaube, besonders auf diesem Gebiet müssen wir schnellstens nacharbeiten, um uns aus der Krise der Verhaltensauffälligen herausarbeiten zu können. Ich habe mich zu diesem Thema viel belesen und auch Schulungen besucht. Es gibt außerhalb der Universitäten und anderer offizieller Wissenszentren viele Gruppen, die dazu eine deutlich größere Expertise entwickelt haben.

Gefühle können das Lernen hemmen oder sie können es boosten. Zweifelsfrei steht fest, dass es ohne Arbeit an und mit den Gefühlen zu keinem großen Lernerfolg kommen kann. Dabei lässt sich damit vernünftig oder unvernünftig umgehen. Etwa ist der Patriotismus in seiner Konsequenz ein Gefühl. Er kann ein extrem starker Antrieb sein, große Leistungen zu vollbringen. Wir haben das in der Geschichte oft gesehen und bei den internationalen Sportwettbewerben erleben wir es noch heute.

Dennoch sind die negativen Auswüchse patriotischer Gefühle gerade in Deutschland sichtbar geworden. Sie hatten Anfang des Dritten Reiches zu einer großen Steigerung der Leistungsbereitschaft geführt. Das Volk hatte endlich wieder Hoffnung und etwas woran es glauben konnte, sprich ein gutes Gefühl. Das hat sich direkt in wirtschaftliche Leistung umgesetzt. In der Folge hat das zerstörerische Potential dieses Gefühls wieder alle Vorteile zunichte gemacht und ein Feld der Zerstörung hinterlassen.

Die Gefühls- und Stimmungslage eines Kindes hat mehr Einfluss auf seine Lernleistung, als das in der aktuellen Schullandschaft beachtet wird. Gerade weil sich häusliche Konflikte seit Jahrzehnten zuspitzen und die Gefühle der

Heranwachsenden trüben, kommt es oft zu massiven Lernrückschritten in der Pubertät, wo sich mehrere Faktoren subsumieren. In diesem Bereich hat die aktuelle Schule kaum Lösungsangebote in petto, aber genau hier muss der Lernexperte ansetzen, wenn er seinem selbstgesteckten Ziel gerecht werden will. Denn Lernen kann Spaß machen und dieser Spaß kann einen Strahl- oder Haloeffekt haben, um die negativen Gefühle aus den anderen Lebensbereichen zu überstrahlen. Auf diesem Weg wird ihre negative Wirkung aufgehoben und der Lernerfolg möglich.

Gefühle sind der Turbo für alles, was wir tun. Zu lernen, wie wir mit ihnen umgehen müssen, um eine maximale Leistung zu vollbringen, ist der Weg zu einem hohen Lernniveau. Das bezieht sich auf die positiven Gefühle, die das Lernen stimulieren. Zugleich geht es darum, in eine reflexive Distanz zu negativen Gefühlen gehen zu können. Das sind Emotionen wie Zweifel, Wut, Selbstzerfleischung, Trübheit und Unlust.

Medien und ganz besonders die Werbung haben unsere Fähigkeit, reif und vernünftig mit unseren Gefühlen umzugehen, systematisch reduziert. Die Werbespots zielen geradezu darauf ab, jedem kleinen Lustgefühl wie ein Sklave hinterherlaufen zu müssen. Aus der Sicht der Unternehmen scheint das ein Vorteil zu sein. Aber diese Sicht ist kurzsichtig, denn selbst für die Unternehmen sind leicht manipulierbare Kunden kein langfristiger Gewinn.

Die Gefühle zu einer Reife zu führen, hat leider wenig Raum in unserer aktuellen Gesellschaft, noch in unserem Schulsystem. Ich schlage es an dieser Stelle als explizite Lernstrategie vor. Denn konsequent gut gelaunt lernen zu können – und das kann gelernt werden – kann ein unzerstörbares Fundament für lebenslanges Lernen sein.

9

Zurück zu unserem Unterricht: Da ist der Pflichtteil und der Teil, den die Jugendlichen selbst wählen können. Auch wenn dieser Bereich nicht komplett unbeschränkt sein kann. Denn wir sollten nicht einfach alles lehren, nur weil es existiert. Abgesehen davon sollte es vollkommene Wahlfreiheit geben. Die SuS sollten sich frei für ein Oberthema entscheiden können. Also etwa will ein SoS sich mit Technologie beschäftigen. Als Unterthemen geht es ihm vor allem um den Bereich K.I., maschinelles Lernen und traditionelle und alternative Antriebssysteme in der Luft- und Raumfahrt und in der Fahrzeugtechnik. Dieser SoS will sich ansonsten im kommenden Jahr mit nichts anderem beschäftigen. Das wäre natürlich möglich.

Diesem SoS werden zwei Lehrkräfte zugewiesen. Der eine hat sich bereits sehr intensiv mit beiden Themen beschäftigt. Der andere noch gar nicht. Beide sind Lernexperten und so oder so knien sie sich in das Thema rein. Der SoS und die beiden LuL geben am Anfang des Jahres das Thema in eine Datenbank ein. Dort gibt es zu diesem Thema ausreichend Material in Textform zum Online Bearbeiten oder zum Ausdrucken, als Videos mit Testfragen und interaktive Übungen für Handy oder Tablet. Zusätzlich gibt es Multiple Choice Tests, die von der Software oder App selbstständig durchgeführt und an Lul und SoS zurückgemeldet werden.

Diese Drei gestalten auf diese Art ihr Lernjahr mit einer Wochenstundenzahl von mindestens fünfzehn Stunden. Wenn das Material qualitativ anspruchsvoll genug ist und die beiden LuL ihr Handwerk – vielleicht sollten wir es wirklich wieder als Handwerk verstehen lernen – verstehen, dann wird dieser SoS am Ende des Schuljahres einen enormen Lernfortschritt gemacht haben.

Ein guter Lernexperte wird mit wenig Arbeit immer einen Wissens- als auch Verstehensvorsprung gegenüber einem Heranwachsenden erlangen können. Sollte er oder sie das nicht können, dann fehlt ihnen einfach nur die geistige Schulung; vorausgesetzt sie sind psychisch gesund.

Laut Statistik im Netz betreut ein Lehrer durchschnittlich sechzehn Schüler und Schülerinnen in der Grundschule. In der Oberstufe werden es sicher einige mehr sein. Gehen wir also davon aus, dass die Lehrkraft zwanzig SuS im Jahr im Durchschnitt betreut (also hochgerechnet auf das Verhältnis von Lehrkraft und Schülern), dann halte ich es dennoch für möglich, das zu meistern und dennoch jedem der SuS eine freie Themenwahl zu lassen.

Das ist natürlich abhängig von der Qualität mit der die Verwaltungsträger, also Ministerien, Senate und Politik, interaktives, multi-sensorisches Material zur Verfügung stellen. Anders gesagt, das Niveau unserer technischen Kompetenz entscheidet über den Erfolg unseres zukünftigen Unterrichts. In diesem Bereich sind wir Deutschen in den letzten fünfzig Jahren durch eine verfehlte Bildungspolitik ins Mittelfeld abgerutscht. Als Faustformel lässt sich sagen: Desto weniger Material und desto schlechter die Qualität des Materials, desto weniger Freiraum können wir den SuS beim Lernen bieten.

Abgesehen vom Material entscheidet das Momentum, ob der Weg der Lernexperten zum Erfolg für die SuS wird. Wenn etwas erst angeschoben werden muss, dann ist es deutlich anfälliger für Fehler, als wenn es schon läuft. Das ist mehr als eine Binsenweisheit. Viele der letzten Reformen sind auch deshalb gescheitert, weil sie nicht ins Momentum gekommen sind (und weil sie schlecht durchdacht waren).

Wenn wir den Schritt wagen, das aktuelle Konzept des Lehrerseins über Bord zu werfen und einem neuen Typ von Lehrkräften die Chance geben, zu beweisen, dass sie uns in eine bessere Zukunft führen werden, wird das leider nicht ohne Hindernisse ablaufen. Zuerst gibt es die Ewiggestrigen und die Inkompetenten. Die einen werden sich kategorisch gegen jede Weiterentwicklung stellen und die anderen werden überhaupt nicht kapieren, was es bedeutet und es deshalb blockieren. Böse Zungen werden wahrscheinlich sagen, dass diese beiden Gruppen einfach nur zu faul sind, etwas neues zu lernen.

Aktuell müssen wir vom Verbrennermotor auf E-Autos wechseln. Jüngst kam die neue Statistik. Während der Markt in anderen Ländern jährlich im zweistelligen Prozentbereich wächst, verliert der Markt bei uns sogar Prozentpunkte. Bald werden Verbrenner verboten sein und dennoch sind wir nicht bereit oder fähig uns für die gesetzlich beschlossene Zukunft zu öffnen. Wir Deutschen klammern uns an das Alte und in dem Maße wie wir das tun, sinkt die Bedeutung unserer Wirtschaft.

Unsere Bevölkerung klammert sich aus Angst an das Alte und meckert zugleich an allem herum. Wir sind ein sehr widersprüchliches Volk und nicht bereit, uns das von Außenstehenden sagen zu lassen. Der Wandel der Zeit ist unaufhaltsam. Wer sich nicht anpasst, wird zu einem Schlusslicht in vielen Bereichen werden. Das war früher so und wird weiterhin so sein. Das Entscheidende ist, dass wir deshalb seit vielen Jahrzehnten so erfolgreich waren, weil wir uns mehrmals schneller als die Konkurrenz an die neuen Umstände angepasst und die Chance genutzt haben. Warum klammern wir uns dann im Schulsystem an so veraltete Konzepte, die aktuell sicher hunderttausende Schüler und Schülerinnen unglücklich machen?

Wandel braucht Zeit. Das ist klar. Aber wie viel Zeit haben wir noch? Der Kanzler sprach von einer Zeitenwende, aber die hatte schon lange vor dem Ukrainekrieg begonnen. Sind wir bereit, uns zu verändern, um besser zu werden oder warten wir nur ab, bis die Umstände uns zwingen, uns zu verändern? Weil die erste Kanzlerin konsequent über anderthalb Jahrzehnte alle ernstzunehmenden Reformen und Weiterentwicklungen blockiert hat, sind wir nach ihr mit einem brutalen Kater erwacht.

Wir sind lernfähig. Wir können antizipieren. Zwar ist die Zukunft ungeschrieben. Dennoch sind die Tendenzen, die die nächsten beiden Jahrzehnte bestimmen werden, bereits deutlich sichtbar. In der Bildung waren wir einst eines der führenden Länder. Aktuell sind wir nur noch Mittelfeld. Doch das muss nicht so bleiben. Zwar wird sich mit heißer Luft nichts bewegen. Wofür die jetzige Generation Politiker und Politikerinnen leider traurige Berühmtheit erlangt hat. Aber mit harter Arbeit und offenem Geist ist es möglich. Motten wir das Schulsystem der Moderne ein und starten wir das Schulsystem des neuen hypertechnologischen Zeitalters.

Natürlich kann ich mich in ein Thema einarbeiten und es dann unterrichten, unabhängig davon ob ich es studiert habe.

Ich bin seit knapp fünfzehn Jahren Lehrer in Berlin. Chaos ist das Wort, das wir Lehrer am häufigsten benutzen, um den täglichen Schulalltag zu beschreiben. Ich hab in dieser Zeit an fünf Schule gearbeitet; die längste Zeit waren neun Jahre an einer Brennpunktschule im Süden der Hauptstadt. In dieser Zeit ist es regelmäßig vorgekommen, dass ich Fächer unterrichten musste, die ich nicht studiert habe.

Die Rektorate haben selten gefragt, ob ich das kann oder ob ich bereit bin, die Mehrarbeit zu leisten, um mich in die Inhalte und die Didaktik einzuarbeiten. Teilweise war das wirklich viel Arbeit. Ich glaube, in dem einen Jahr hatte ich eigentlich nur noch Fremdunterricht auf dem Plan mit dem Schwerpunkt Mathematik. Auf Nachfrage, warum ich meine Fächer nicht mehr unterrichten sollte, wurde mir mitgeteilt, dass ich gut mit den Kinder kann und sie sonst niemanden mehr für das Hauptfach haben.

Ich will damit sagen, dass der Weg des Lernexperten, der oder die fähig sein muss, sich kurzfristig in Themenfelder einzuarbeiten, für mich seit vielen Jahren gelebte Realität ist. Zwar gebe ich zu, dass das oft ungewollt war. Einmal hat man mir einen Tag vor Beginn des Schuljahres mitgeteilt, dass ich jetzt mehrere Stunden Englisch unterrichten muss und sie den Plan komplett neu gemacht haben. Ich hatte also ein Wochenende Zeit, mich einzuarbeiten.

Man könnte sagen, dass das an Gymnasien anders ist. Vielleicht ist das in anderen Teilen der Republik noch so, obwohl die Berichte, die man liest, ziemlich ernüchternd sind. Aber bezogen auf Berlin sind die Zeiten vorbei, in der die Mehrheit der Gymnasiasten wirklich lernwillig, lernfähig und gebildet ist. Klar gibt es immer heftige Überflieger. Das ist gut und ein Gewinn. Jüngst hatte ich einen Gitarristen in meinem Unterricht, der viel schneller lernte und spielte als ich. Das finde ich super. SuS dürfen gern besser als die LuL sein. In der alten Zeit gab es das schöne Sprichwort, dass man einen guten Lehrer daran erkennt, dass seine Schüler und Schülerinnen besser werden als er.

Ein Modell braucht eine Anlaufzeit. Dann läuft es, bis es wieder durch ein Besseres abgelöst wird. Das Modell des Fachlehrers läuft schon sehr viele Jahrzehnte. Woran merken wir, wann es überholt ist? Daran dass es keine guten Ergebnisse mehr produziert! Kann ein neues Modell bessere Ergebnisse produzieren? Logischerweise kann ein besseres und zeitgemäßeres Modell bessere Ergebnisse produzieren als ein veraltetes. Das ist definitiv eine Binsenweisheit. Weniger offensichtlich ist die Erkenntnis, dass wenn sich ein veraltetes Modell an die Macht klammert und verhindert, dass das bessere Modell eingeführt werden kann, dass dadurch das ganze System (in dem Fall die Schullandschaft) kollabieren kann.

Das Modell des Lernexperten kann einen Freiraum im Lernen schaffen, den wir brauchen, um echte Spezialisten hervorzubringen. Das Modell der Lernexpertin kann Lernen auf einem Niveau realisieren, das Hochleisterinnen, bzw. Highperformer flächendeckend hervorbringen könnte. Von diesen beiden Maximen bin ich überzeugt. Genauso habe ich keinen Zweifel daran, dass der Fachlehrer, als das Konzept des Lehrers der Postmoderne, nicht mehr den neuen Rahmenbedingungen eines Zeitalters gerecht werden kann, welches sich durch Dinge wie Internet, Digitalisierung, A.I., maschinellem Lernen und vielen disruptiven Entwicklungen auszeichnet.

Zurück zum Unterricht: Ich habe mich auf den Bereich Musik spezialisiert. Jemand der sagt, das ist sein Weg, käme für acht Jahre zu mir, also Klasse fünf bis zwölf, und hätte jede Woche etwa fünfzehn Stunden Musik. Was glaubt ihr, wie weit könnte ich mit diesem Schüler oder dieser Schülerin kommen? Demgegenüber stehen SuS, die heute aus der Schule kommen und jede Woche eine Stunde Musik hatten und kein Instrument spielen, keine Tonleiter singen und nicht einmal einen einfachen Beat mit einer DAW App erstellen können. Was nehmen die nach sechs Jahren Musik mit, außer dass sie keinen Bock auf Bach und Schönberg haben?

Vertiefung geschieht heute in so geringem Maß, dass es erschreckend ist. Keine Vertiefung des Wissens bedeutet nichts anderes, als dass es nicht langfristig nutzbar ist. Ich leugne gar nicht, dass wir in der Schule ständig versuchen, Wissen auf tiefer Ebene zu verankern, um es langfristig nutzbar zu machen. Aber es misslingt. Mittlerweile müssen wir Lehrkräfte jede Stunde gefühlt von vorne anfangen. In der Didaktik haben sie das schöne Kunstmodell erfunden, dass jede Stunde in sich geschlossen sein muss. Kann man machen, aber guter Unterricht beginnt dort, wo man auf dem Gelernten der vorhergegangenen Lerneinheit aufbauen kann. So lange das nicht gesichert ist, wird es immer eine oberflächliche Pädagogik bleiben.

Natürlich ist es schwer, auf den Fortschritten der früheren Lerneinheit aufzubauen. Ich übe jeden Tag Gitarre und manchmal bin ich richtig gut und am nächsten Tag läuft es nicht so. Die Gründe für beides sind vielfältig. Manchmal hatte ich zu wenig Schlaf, weil meine Tochter nachts geweint hat. Dann döse ich kurz weg, während ich übe. Oder es lief alles rund und ich kann mich voll auf die Saiten einlassen. Aber das meine ich nicht. Die Kids von heute blenden ganz bewusst aus, was wir mit ihnen im Unterricht machen.

Sicher sind es nicht alle. Es gibt das gute Viertel, welches immer noch begreift, wie wichtig gute Bildung ist und das einfach Lust auf Selbstbildung hat. Aber der Rest blendet es aus. Wir als Schule können dafür nicht ständig die Medien verantwortlich machen. In sehr vielen Bereichen wird diese Erklärung herangezogen, wenn wieder einmal die Didaktik versagt hat. Natürlich haben viele Medieninhalte einen extrem negativen Einfluss auf die Jugendlichen, etwa wenn sie direkt oder indirekt die Jugendlichen zum Konsum von Suchtmitteln verleiten oder in ihnen suizidale und autoaggressive Gedanken verstärken. Aber einfach für alles die Medien verantwortlich zu machen, um sich so aus der Schusslinie zu nehmen, geht nicht.

Es bleibt eine Frage der Didaktik. Die vielerorts gewählte Strategie die Handys komplett zu verbieten oder ihre Benutzung einzuschränken, kann man machen. Ich habe auch gar nichts gegen Verbote, besonders für die Phase des Heranwachsens. Das Problem ist aber, dass im immer stärker werdenden Dienstleistungssektor das Handy ein zentrales Arbeitsgerät ist. Zu viele Verbote könnten die natürliche Entwicklung, es als ökonomisches Werkzeug zu verstehen, hemmen und dadurch unsere nationale Wertschöpfung langfristig verringern.

Was wir brauchen, ist eine Didaktik, die Lernfortschritte so überlebensfähig wie möglich macht. Das ist eines der Hauptziele des Lernexperten. Denn etwas wirklich gelernt zu haben, bedeutet per se, es wieder abrufen zu können. Wir alle kennen Sokrates Zitat zum Wissen und Nicht-Wissen und verstehen, wie schwer es ist, unser Wissen wirklich lange aufrechtzuerhalten. Aber was wäre sonst der Auftrag der Schule? Der Vorwurf des halben Landes steht im Raum, dass die Schule nur lehrt, um die Tests und Klausuren zu bestehen, um einen Schulabschluss zu kriegen, aber kein Wissen vermittelt, das echten Mehrwert hat. Wenn das alles ist, was Schule will, dann bereue ich meine Berufswahl.

Schule sollte das Feuer der Neugier entfachen. Ich glaube, jeder SuS wird aufblühen, wenn er etwas gefunden hat, dass ihm wirklich gefällt, in dem er wirklich gut werden will und das er sehr häufig tun kann. Das ist der Freiunterricht innerhalb des Modells der Lernexperten. Da ist eine, die liebt Klamotten und die beschäftigt sich acht Jahre nur mit dem Themenfeld Kleidung, was nebenbei gesagt auch die Lieferketten, die Kenntnis der Stoffe, Design, Vertrieb, Marketing und Herstellungsverfahren umfasst, die wird nach acht Jahren fit sein, um rausgehen zu können und sich eine sinnstiftenden Karriere aufzubauen.

Der Geist braucht die Freiheit, um sich optimal entwickeln zu können und wir als Schule müssen einen Weg finden, diese Freiheit zu garantieren. Derzeit wird das Schulsystem immer mehr zu einem festen Korsett aus Zwängen. Die Statistiken beweisen, dass die Ergebnisse immer schlechter werden. Aber wann kommt endlich die Einsicht, dass die gescheiterten Reformen und die uralten pädagogischen Konzepte die Ursachen der Bildungskatastrophe sind und nicht Fachkräftemangel, Flüchtlinge und soziale Medien? Klar kann man auch an diesen Punkten arbeiten, aber es sind nicht die Hauptgründe für die Krise der Erziehung und Bildung in unserem Land.

10

Ich habe mir gestern einen Podcast angehört. Die Host waren der sich am besten verkaufende Philosoph in unserem Land und ein Moderator, der gerne polarisiert. Ich habe diesen Podcast zum ersten Mal gehört. Der Philosoph berichtete von einem Vortrag, den er bei einem großen Autokonzern gehalten hatte. Dort hatte er die düstere Aussicht des bevorstehenden Strukturwandels skizziert. Viele Facharbeiter werden ihren Job verlieren, hatte er gesagt, weil ihre Erfahrungen, Fähigkeiten und Kompetenzen ihre Relevanz verlieren werden.

Im Besonderen bezog er sich auf die Ingenieurskunst, die in Deutschland so hoch geschätzt wird und dass sie im Zeitalter der Digitalisierung ihre Bedeutung verlieren könnte, weil eher Fachkräfte aus dem Bereich IT, Digitalisierung und vielleicht auch Marketing gebraucht werden. Der Philosoph erzählte davon, was ein Personalrat gemacht hatte, nachdem er vor der Belegschaft über diese Zukunftsprognose geredet hatte. Dieser war auf die Bühne gesprungen und hatte versucht, sein arbeitendes Publikum zu beruhigen. Seiner Meinung nach würde alles nicht so schlimm werden, weil sie genügend Fortbildungen anböten, um das zu kompensieren.

Der Philosoph argumentierte im Podcast, dass es mit ein paar Nachmittagen Fortbildung nicht möglich ist, die breite Masse in die Bereiche IT und Digitalisierung umzuschulen, so dass sie markttauglich werden. Ich stimme ihm in diesem Fall zu und falls die Fortbildungen in der Autobranche so suboptimal sind wie die für Lehrkräfte im Schulsystem, dann haben sie auf jeden Fall schon verloren.

Hier kommt der Lernexperte wieder ins Spiel. Was uns die jüngste Entwicklung sagt, ist zweierlei. Einerseits verändern sich die Märkte dramatisch. Aber dies ist kein einmaliger Prozess. Wir können davon ausgehen, dass es sich in diesem Maß permanent weiterentwickeln wird. Das bedeutet, dieser Wandel der Arbeitswelt, den wir seit ein paar Jahren sehen, wird nicht zu einem Endpunkt kommen. Sondern er wird sich weiterentwickeln und neue disruptive Umwälzungen anstoßen. Es ist wahrscheinlich, dass die Geschwindigkeit des Wandels noch zunehmen wird.

Mit einem System aus netten kleinen Fortbildungen können wir unsere Arbeitskräfte niemals schnell genug an die sich stetig verändernden Arbeitsbedingungen anpassen. Auch was die Arbeitsagenturen tun, reicht bewiesenermaßen nicht aus, um die Leute fit, motiviert und kompetent für den Markt zu machen. Die Verantwortung liegt bei den Lehrenden, dies zu gewährleisten.

Dass wir Lehrkräfte verantwortlich sind, wird leider viel zu selten betont. Wir sind verantwortlich! Das gilt auch für die Lehrkräfte, die an sich das „Lehrersein" nicht studiert haben. Leider ist der Beruf der Lehrerin kein geschützter Beruf und mittlerweile darf gefühlt fast jeder in den staatlichen Schulen unterrichten und sich an den Kindern ausprobieren, ohne dass er dazu jahrelang studiert haben muss. Das ist tragisch und eine Gefahr für den Unterricht. Es hätte anders geregelt werden müssen, etwa indem die Quereinsteiger hierarchisch den voll ausgebildeten Lehrkräften untergeordnet und von ihnen angeleitet werden. Denn die Kunst des Unterrichtens lernt man definitiv nicht in einem achtzehnmonatigen und berufsbegleitenden Kurs. Das Studium der Lehrkräfte hat man dadurch jedoch entwertet und viele Lehrkräfte massiv demotiviert.

Es ist nicht nur diese Entscheidung, die uns Lehrkräfte in den letzten Jahren die Köpfe hat schütteln lassen. Von der Politik und unseren Vorgesetzten fühlen wir uns weder ernst, noch wahrgenommen. Statistiken zeigen, dass wir damit nicht allein sind. Die Bindung der Arbeitskräfte an ihren Betrieb ist in Deutschland im internationalen Vergleich besonders gering ausgeprägt. Leider gibt es bisher keine Instanz im Land, die etwas gegen die grauenvolle und ineffiziente Führungskultur tun kann.

Das aktuelle System, aufgebaut aus ein paar Fortbildungen und Kursen am Nachmittag, wird nicht die Fachkräftekrise lösen. Mit dem Wandel der Wirtschaft wird es immer mehr Fachkräfte geben, deren Expertise einfach nicht mehr gebraucht wird. Gründe dafür sind die Entwicklung der künstlichen Intelligenz mit immer besseren Anwendungen, die Verlagerung des Wirtschaftsstandorts des Unternehmens oder politische Gesetze. Das Verbot des Verbrennermotors ist ein gutes Beispiel dafür. Bald sind sie verboten und wir Deutschen haben etliche Fachkräfte (und Unternehmen), die sich in diesem Bereich spezialisiert haben. Indem wir denen ein paar Kurse am Nachmittag anbieten, werden wir ihnen nicht die Expertise im Bereich E-Mobilität vermitteln, mit der sie auf dem Weltmarkt konkurrenzfähig werden können.

Die Antwort auf dieses Problem liegt auch in der Schule. Persönlich glaube ich sogar, dort liegen die Antworten für viele unserer gesellschaftlichen Probleme. Hätte man der Jugend in den letzten Jahrzehnten ernsthaft beigebracht, wie Kindererziehung geht, hätten wir schätzungsweise deutlich mehr Geburten und damit ein geringeres Problem mit dem demographischen Wandel. Die meisten heutigen Fachkräfte sind durch das aktuelle Schulsystem gegangen. Dort haben sie viel gelernt, aber sie haben nicht explizit gelernt, auf hohem Niveau und schnell zu lernen.

Wären die Fachkräfte, deren spezifischen Fachwissen bald veraltet sein wird, durch ein Schulsystem gegangen, indem sie explizit und primär gelernt hätten zu lernen, wären sie logischerweise in signifikant höherem Maße in der Lage, schneller und markttauglicher etwas Neues zu lernen. Sie können sicher gut den Satz des Pythagoras aufsagen und Wissen etwas über die Zellteilung. Dinge, die ich gar nicht herabstufen will. Doch ich will etwas anderes hochstufen: nämlich das Lernen.

So wie es eine Neigung zur Technik, Naturwissenschaft oder zum Sport gibt, so gibt es eine Neigung zum Lernen. Eine Person, die sich als sportlich bezeichnet und eine sehr große Neigung zu sportlichen Aktivitäten hat, wird viel schneller und eher eine neue Sportart lernen. Eine Person, die gern lernt und eine Neigung dazu hat, immer etwas neues zu lernen oder etwas bereits gelerntes vertiefen zu wollen, wird viel schneller eine neue Sache lernen.

In einem Podcast ging es um die wirtschaftliche Realität, dass viele Hochqualifizierte bald einen sozialen Abstieg erleben werden. Die erste große AI Welle rollt seit einigen Jahren über den Planeten. Wir sind alle begeistert und schockiert zugleich, was sie kann und wie schnell sie sich weiterentwickelt. Die Wirtschaftsprofis überbieten sich in den News und den Talkshows mit Prognosen, welche Berufe alles wegen der AI verschwinden werden. In dem Podcast wurde die Oxford Studie zitiert, die dazu ein katastrophales Bild malt.

Was macht jetzt jemand, dessen Job plötzlich nicht mehr gesucht oder deutlich schlechter bezahlt wird, er oder sie aber nicht auf ihren Wohlstand verzichten will? Genau; sie müssen eine Fähigkeit erlernen, die auf dem Markt genauso wertvoll oder wertvoller ist, als ihre überalterte, damit sie ein gleiches oder höheres Wohlstandsniveau halten können. Nur man lernt nicht einfach auf hohem Niveau, wenn man nicht gelernt hat, auf hohem Niveau zu lernen. Die klassische Ausbildung und das Studium funktionierten so, dass man etwas bis zur Prüfungsreife lernte und dann damit arbeitete. Weiterqualifikationen fanden nur in kleinem Umfang statt. Zumindest geschah es nicht so, dass sich eine allgemeine und langfristige Lerndisposition auf hohem Niveau ausbilden konnte, außer der Einzelne hat sich privat, um diese Kompetenz gekümmert.

Wird also eine ganze Generation älterer Arbeitskräfte in den sozialen Abstieg geführt, weil sie in ihrer Schulzeit das Lernen nicht richtig gelernt haben? Nun, das ist möglich. Wir kennen die Zukunft nicht, aber es gibt Anzeichen dafür, dass wir vor großen ökonomischen Umwälzungen stehen. Die Schule ist der Schlüssel für eine stabile Wirtschaft. Davon bin ich wirklich überzeugt. Natürlich meint die Schule in ihrer Gesamtheit mehr als nur die Zeitspanne unserer Adoleszenz und meint hier alle Bildungseinrichtungen. Es macht Sinn, sie alle unter einen Begriff zu subsumieren. Im Endeffekt sind ihre Lehrmethoden von der gleichen Natur und sie beeinflussen sich gegenseitig.

11

Wenn ich zurückblicke, bin ich sehr enttäuscht von meinem Studium. Es hat mich nicht auf den Berufsalltag vorbereitet, wie es sich für ein gutes Studium gehört hätte. Eine meiner Verwandten studiert gerade Lehramt. Was ich so von ihr höre, zeigt mir, dass sich seit meiner Studienzeit nichts geändert hat. Sie ist sich dessen auch bewusst und klagt über die Ängste vorm Praxisschock.

Wir stehen an einem Scheideweg und eine zentrale Weiche ist die Ausbildung der Lehrerinnen und Lehrer. Noch steht sie auf den alten Gleisen, die wir seit Jahrzehnten benutzen. Die Ergebnisse, die dieses Studium produziert, werden leider immer schlechter. Auch wenn ich hier die Eckdaten eines neuen Modells vorstelle, so gibt es faktisch dieser Tage kein anderes funktionierendes Gleis, auf welchem wir junge Menschen stattdessen zu Lehrenden machen könnten.

Eine Universität sollte ein Ort der geistigen Offenheit sein. Dort sollten Zukunftskonzepte ausprobiert und für die Berufswelt anwendbar gemacht werden. Mein Eindruck ist nicht, dass in der Unilandschaft (fürs Lehramt) derzeit ein kreatives Potential existiert, um evolutionär auf eine höhere Stufe der Pädagogik zu gelangen. Alle Neuerungen sind bei genauerer Betrachtung nur wieder Aufgewärmtes und das einzige Potential, das sichtbar ist, sind die Bestrebungen fragwürdiger politischer Gruppen, um die Macht auf den Campi zu gewinnen.

Wir stehen an der Schwelle eines neuen Zeitalters. Ich glaube, der Übergang könnte viel dramatischer werden als der Übergang vom Mittelalter zur Neuzeit und der war schon durch viele politische und soziale Spannungen geprägt. Eine Uni, an der der Geist der Universität, also der Geist des Forschens, Ausprobierens, Wagens und Träumens von Visionen, wirklich lebendig ist, muss sich aufmachen, um den nächsten Schritt zu wagen.

Vielleicht müssen wir die neue Schule aus dem Stein heraus meißeln. Vielleicht müssen wir sie erträumen. Vielleicht werden wir sie finden, wenn wir uns in ein Abenteuer stürzen. Vielleicht müssen wir dafür ans Ende der Welt reisen. Ich weiß es nicht. Aber ich weiß, dass es sie eines Tages geben wird. Was ich nicht weiß, ist, wann die Unis aufwachen und zum Ort werden, an dem die Schule der Zukunft realisiert wird? Falls nicht, wird es jemand machen, der außerhalb der Uni steht und wenn es jemand außerhalb der Uni macht, dann wirft das die Frage auf, ob es nicht besser wäre, die Lehrer und Lehrerinnen von morgen außerhalb der Universität auszubilden. Aktuell sind ihre Ergebnisse so bescheiden, dass diese Frage schon heute gestellt werden könnte.

Ein neues Ideal an Lehrkräften braucht ein neues Studium. Das beginnt mit der Frage, ob die Unis unter dem Einfluss der vielen neuen Technologien so weitermachen können wie bisher. Da gibt es Vorlesungen, Seminare und Übungen. Das war in meiner Zeit so und ist auch heute noch so. Aber so wie sich der Unterricht für die SuS verändern wird, wird er sich auch in den Unis verändern. Ob der Schwerpunkt weiterhin auf Vorlesungen und Seminaren liegen wird, ist fraglich. Ein Großteil der Aufgaben, der heute von den Dozenten übernommen wird, kann bald auch von AI Assistenten durchgeführt werden und das vor allem hoch individualisiert und angepasst an das spezielle Lernverhalten der StudentIn.

Wieder sollte das nicht als Sparmodell missbraucht werden. Denn auch die Unis müssen auf ein höheres Level kommen. Es ist närrisch zu glauben, dass mit der Art wie sie hundert Jahre erfolgreich waren, sie noch weitere hundert Jahre erfolgreich sein werden. Das ist zwar möglich, aber es wäre nur wahrscheinlich, wenn die Rahmenbedingungen, in denen dieser Erfolg stattgefunden hat, dieselben oder zumindest ähnlich bleiben, aber das ist nicht der Fall.

Das Lehramtsstudium für einen Fachlehrer kann nicht genauso ablaufen wie das Lehramtsstudium für einen Lernexperten. Würde es genauso aussehen und ablaufen, würde am Ende das Gleiche rauskommen und hätte nur einen anderen Namen bekommen. Das wäre klare Augenwischerei; auch wenn es leider eine häufige Praxis in den letzten Jahrzehnten gewesen ist.

Wenn Lernen im Vordergrund steht, muss Lernen das Thema überhaupt sein. Angesichts der Merkmale der Lernexpertinnen muss es mindestens zwei ganz zentrale Aufgaben erfüllen. Zum Ersten muss es alles über das Lernen, Lernentwicklung, Lernschübe, Lernhemmnisse und Lernstrategien vermitteln; und all das, was es sonst noch übers Lernen der SuS zu wissen gibt. Zum Zweiten muss es den Lehramtsanwärter darauf trimmen, seine Lernkapazität und seine Lernfähigkeit auf ein Maximum zu steigern oder zumindest so weit wie möglich über den Durchschnitt zu erhöhen.

Kluge Männer und Frauen können, sobald sie das Ziel genau verstanden haben, den Weg dorthin bestimmen. An den Unis sind sehr kluge Köpfe. Das Ziel ist klar, der Weg muss gebaut werden. Mithilfe der digitalen Möglichkeiten könnte auch im Studium mehr als nur die Hälfte des heute klassischen Lehramtsstudiums durch die neuen Technologien geleistet werden. Für die menschlichen Dozenten bleibt dann die Vertiefung und die Motivation.

Das Wissen aufzunehmen und basal zu vernetzen, kann auch heute schon gut mit Tutorials im Internet geschehen. Aber dieses Wissen dann zu einer hoch reflektierten Disposition zu machen, gelingt nicht durch lesen, Tutorials schauen oder online Multiple-Choice Tests machen. Es bedarf einer extrem klugen und empathischen Lehrkraft, die weiß, wie man dieses Ziel erreicht und die hervorragende erzieherische Kompetenzen besitzt.

Motivation tritt immer zusammen mit Disziplin auf. Für Anfänger ist es die Motivation, was für die Profis die Disziplin ist. Am Ende sind es zwei Seiten derselben Medaille. Die Krone dieser Fähigkeit ist die Selbstdisziplin. Wenn wir es geschafft haben, bei einem Schüler, die Lust und Kraft zu wecken, dass er jeden Morgen automatisch zwanzig Minuten vor dem Klingeln seines Weckers aufwacht, weil die innere Stimme unbedingt noch etwas Neues lernen oder weiter üben will, dann haben wir unser Ziel erreicht.

Dieses Ziel ist erreichbar. Es ist keine bloße Fiktion: Es gibt Lehrkräfte, die haben ihre Schülerinnen dorthin gebracht, sodass sie lieber lernen, als auszuschlafen oder vor der Glotze ihre Lebenszeit zu verschwenden. Dass sie das geschafft haben, war das Ergebnis eines Prozesses aus bestimmten Elementen. Es ist unsere Aufgabe und besonders die Aufgabe der Unis, diese Elemente zu identifizieren und dann so zu formen, dass sie leicht anwendbar für heutige Lehrkräfte werden. Wenn das geschafft ist, werden wir flächendeckend motivierte und lernwillige SuS haben.

Wenn die Schule die wichtigste Institution dieser Demokratie ist, dann ist die Universität ihr Herz. Denn sie bildet die Lehrer und Lehrerinnen von morgen aus. Schule beeinflusst das Leben jedes einzelnen Menschen im Land. Wahrscheinlich gibt es keinen Beruf, der eine umfassendere Wirkung auf das ganze Volk hat. Somit wird die Uni zum Herz, weil die LuL dort lernen, was sie später jahrzehntelang an die Schülerinnen und Schüler weitergeben.

Ich glaube, man merkt mir an, dass ich mit den Unis und dem Lehramtsstudium unzufrieden bin. Es macht mich besonders traurig, weil es wirklich einmal eine Zeit gab, da gehörten die deutschen Universitäten zu den besten der Welt. Das lässt sich über die heutigen Unis nicht mehr sagen. Ich wünsche mir, dass sie endlich aufwachen. Besonders im Bereich Lehramt müssen wir uns in die Hände spucken.

Das beginnt bei den technischen Möglichkeiten. Was die A.I. alles tun könnte, wenn es dazu endlich eine Didaktik gäbe, die den Namen auch verdient hat, ist unvorstellbar. Derzeit wirkt es alles noch nach der Versuch-und-Irrtum-Strategie. Das ist an sich nicht schlimm, aber zugleich nicht ansatzweise genug. Wir brauchen keine Didaktik mehr, die aus dem letzten Jahrtausend und aus der Zeit vor dem Internet stammt. Mein Eindruck ist, dass alle Veränderungen innerhalb der Didaktik und Pädagogik, die sich mit den Themen digital, online und interaktiv sein beschäftigen, versuchen diese Dinge in die Konzepte der bestehenden Didaktik einzubinden. Sie wollen das neue Zeitalter in das alte pressen, obwohl sie die Unis sind und das Neue vorausdenken sollten.

Solange die Uni aussieht wie aus der Zeit vor dem Internet, kann die Uni als ein Relikt eines vergangenen Zeitalters bezeichnet werden. Wir leben weder in der Moderne, auch nicht im Naturalismus, der frühen Neuzeit oder in der Postmoderne. Wir leben in einem Zeitalter, das heute schon viele Namen bekommen hat. Einige davon sind digitales oder Informationszeitalter. Erst wenn Uni sich häutet wie eine Schlange und die Postmoderne abstreift wie eine alte Haut, kann sie wieder zum Vorreiter werden, wie wir es alle von ihr erwarten.

Junge Menschen müssen ins Lehramtsstudium reingehen und am Ende als Lernexperten wieder rauskommen. Das wäre der einfache Drei-Stufen-Schritt. Das Lehramtsstudium erscheint hier wie die berühmte Blackbox zwischen dem Eingabe- und Ausgabegerät. Aber ganz so unwissend sind wir dann doch nicht. Es kann gerne in den ersten Semestern mit dem Auswendiglernen aller möglichen Lernstrategien beginnen. Das am besten in einer unschaffbaren Häufung und dann werden sie zum einen abgefragt in einer Klausur und zugleich wird so getestet, wie hoch die Lernkapazität der jungen Lehramtskandidatin ist.

Ich würde es gut finden, wenn sich endlich eine echte Peer-Gruppen-Lerndynamik entwickelt. In meinem Studium war die schwach ausgeprägt und die Rückmeldungen, die ich von heutigen Studierenden wahrnehme, wirken ähnlich. Oft geht es nur noch darum, Bars und Partys auszuprobieren. An sich ist das nicht schlimm. Ich glaube, wir brauchen eine Zeit, um uns richtig austoben zu können, um mit den in dieser Zeit gefundenen Erfahrungen zu uns selbst zu finden. Dennoch ist das Lehramt wichtig.

Mithilfe von guten digitalen und A.I. Materialien könnte eine Gruppe von fünf Studierenden mehr lernen und mehr Können erwerben, als wenn sich jede:r allein durch die

Seminare und Vorlesungen kämpft. In Ansätzen gibt es das schon, aber das kulturelle Niveau, auf dem das geschieht, ist viel zu niedrig, sodass der Lernzuwachs nicht das Maß erreicht, das es erreichen könnte.

Der Dozent wird zum Einzelfallhelfer. Das klingt vielleicht zuerst einmal abwertend. Aber wir reden hier nicht davon, Leistungsschwache und Verhaltensauffällige zu therapieren. Seine oder ihre Aufgabe ist es, die Höchstleistung aus den Studierenden herauszukitzeln. Was die digitalen Medien und Materialien abdecken, führt zu einem fortgeschrittenen Niveau, falls die Lerndisziplin reicht, und dieses Niveau darf auch nicht kleingeredet werden. Dennoch gibt es mehr als den Fortgeschrittenen. Selbst in einer einfachen Taxonomie aus Anfänger, Fortgeschrittenem und Profi sollte das Ziel immer der Profi sein.

Wir steuern sowieso auf einen neuen Arbeitsmarkt zu, der völlig neue Herausforderungen mit sich bringen wird. Wieso es bisher so wenige Ansätze an den deutschen Unis gibt, neue Wege des Studierens auszuprobieren, weiß ich nicht. In Berlin scheint der Grund zu sein, dass das linke politische Lager die Unis als ihre Hochburgen gekapert hat und weitläufig die Freiheit des Geistes in ihre Mauern zu sperren versucht, wie wir es im Osten in der DDR erlebt haben.

Sowohl in den Schulen als auch den Universitäten ist es Zeit, in ein neues Zeitalter des Lernens aufzubrechen. Die Maxime des Lernens steht dabei im Zentrum und sie löst das fachbezogene Wissen und Verstehen als oberstes Dogma ab. Wir brauchen heute keine Experten mit streng begrenzten Fachwissen mehr. Dafür haben wir Maschinen, die diese Aufgabe Jahr für Jahr besser machen. Nirgendwo zeigt sich das so deutlich wie in der Medizin, wo A.I. in der Diagnostik immer effizienter eingesetzt wird. Dennoch werden wir weiterhin Ärzte und Ärztinnen brauchen und sie dürfen auch weiterhin unsere Götter in Weiß sein, nur sie werden eben anders arbeiten, weil sie bessere (digitale) Werkzeuge haben.

Ein neues Lehramtsstudium wird möglich, wenn die Verantwortlichen endlich wieder ihre Verantwortung übernehmen. In vielen Publikationen liest man dieser Tage, dass die ökonomische Krise in den westlichen Ländern getragen wird von einer allgemeinen Führungskrise. Ich glaube, daran ist viel dran. Wer Verantwortung trägt, sollte Verantwortung tragen. Wer dieser Tage Verantwortung für die Schule als Rektorin, Minister oder Dozentin trägt, muss einsehen, dass es so nicht weitergehen kann!

Das Wissen übernehmen die online Datenbanken. Selbst das Verstehen kann kurzfristig durch die A.I.-Assistenten vermittelt werden. Was bleibt, ist die Fähigkeit schellst möglich neue Handlungskompetenzen aufbauen und sie anwendbar machen zu können; natürlich mit dem Ziel sie langfristig nutzen zu können.

12

Wer das Neue will, muss das Alten ziehen lassen. Übergänge sind das Schwerste im Leben. Das gilt nicht nur für die Schule, sondern für alle Lebensbereiche. Leider führt es zu der Tendenz, dass wir Menschen uns stark an das Bekannte klammern, weil wir Angst vorm Unbekannten haben. Vielen fällt es leichter, an unangenehmen Situationen festzuhalten, als endlich loszulassen und sich auf eine bessere Zukunft einzulassen.

Leider fällt Deutschland in diesem Punkt besonders negativ auf. Wir sind bekannt für unsere „German Angst." Wir würden wirklich lieber den totalen Krieg wählen, wenn er uns nur bekannt und vertraut ist, als den Frieden, der uns und unseren Kindern Glück und Wohlstand bringt. Dafür gibt es traurige Beispiele in unserer Geschichte.

Traurigerweise ist das nicht nur im Großen, sondern auch in den kleinen Dingen so. Was der Bauer nicht kennt, mag er nicht. Es ist wahrscheinlich auch der Grund, warum für viele der älteren Generation die digitale Welt immer noch Neuland ist, obwohl sie schon älter ist als die meisten ihrer Kinder. Leider sind die Folgen mehr als nur vertane Chancen. Es bedeutet vor allem langfristigen Wohlstandsverlust. Denn andere Länder sind bereit, sich auf das Neue einzulassen. Sie werden uns auf dem Weltmarkt überholen und all die sozialen und finanziellen Vorzüge, die wir auch heute noch genießen, könnten wir aufgrund dieser negativen Eigenschaft verlieren.

Wenn man fragt, warum es in den Ministerien nicht besser läuft oder warum der Senat nicht in die Puschen kommt, dann hört man etwas von Bürokratie. Wir dürfen uns da alle nichts vormachen, die Bürokratie Deutschlands ist zu einem der größten Hindernisse des Fortschritts geworden. Ich will ihnen noch nicht einmal absprechen, dass das anfangs gut gemeint war. Aber nach den stinksauren Hilferufen aus der Wirtschaft sollte jeder aufgewacht sein und verstanden haben, wie sehr unsere Bürokratie effizientes Handeln ausbremst.

Ein kluger Mann hat mal angemerkt, dass der Versuch Komplexität zu reduzieren, die Komplexität noch erhöht. Tatsächlich wirken die Versuche, Bürokratie zu reduzieren, ziemlich erbärmlich. Das ist leider nicht nur meine Meinung, sondern wird im großen Chor von sehr vielen Unternehmen gesungen. Wir sitzen in einer Falle aus bürokratischen Vorschriften. Außer dem Zweck, sich selbst zu legitimieren, besitzen viele davon keinen Mehrwert.

Das Alte hemmt das Neue, das bezieht sich auch auf die Vorschriften. Sie stammen genauso aus einem vergangenen Zeitalter wie das gesamte Schulkonzept. Jeder Versuch etwas Neues zu wagen, wird sich an ihnen die Zähne ausbeißen, wenn es nicht eine kluge politische Bewegung gibt, die fähig genug ist, die bürokratischen Hürden zu umschiffen.

Veraltetes Denken, Trägheit und Bürokratie sind ein mächtiges Dreiergespann. Wenn man zu denen gehören will, die etwas positiv vorwärts bewegen, dann muss man sich diesem Gegenwind bewusst sein. Diese drei haben die Macht, mächtige Feinde in die Knie zu zwingen. Es sind weit Größere und Einflussreichere als wir an ihnen gescheitert.

Jedoch müssen wir uns ihnen stellen, als ob sie der Endgegner wären. Sie meinen es nicht unbedingt böse. Aus ihrer Sicht ist wahrscheinlich immer noch alles in Ordnung und wir durchfliegen gerade nur ein paar Turbulenzen. Sie würden von sich aus nie auf die Idee kommen, dass ein überaltertes System verbessert werden muss. Ich rate übrigens davon ab, es ihnen mit dem Vorschlaghammer beibringen zu wollen. Zu aller Überraschung befinden sich dahinter oft sehr intelligente Leute. Sie kriegen nur hinter ihren Schreibtischen nicht viel von dem mit, was in der Schule (extrem falsch) läuft. Die beunruhigenden Statistiken könnten leider von ihnen immer noch als Ausreißerwerte verstanden werden.

Hinter den Schreibtischen ist unsere Schullandschaft nicht zu verstehen. Selbst wenn man nur in den Talkshows und online und analogen Nachrichten von der Krise hört, wirkt sie noch human. Zwar haben die meisten mittlerweile Erfahrungen mit den Verhaltensproblemen der heutigen Jugend machen müssen. Aber wie extrem der Wissens- und Kompetenzverlust im Vergleich zu früheren Generationen ist, haben sie noch nicht verstanden.

Das Phänomen der Abnahme der kognitiven Leistung scheint leider ein globales zu sein. Für viele Jahrzehnte, wenn nicht sogar für über ein Jahrhundert ging es in jeder Dekade mit der Intelligenz der Menschheit bergauf. Das ist außergewöhnlich und wunderbar. Wer sich mit Statistik beschäftigt, den verwundert es wenig, dass es auch mal eine Flaute gibt. Aber wir sind die, die in der Flaute stecken. Aus unserer Sicht ist es eine Katastrophe und wir sind die, die dafür verantwortlich sind, dass die (globale) Intelligenz sich gerade verringert.

Veraltetes Denken kann mit guten Argumenten besiegt werden. Bei einigen wird das schnell gehen, bei anderen wird es sehr schwer werden. Gedanken sind für viele eine Festung. Sie verstecken sich dahinter, weil es ihnen Sicherheit gibt. Das hat weniger mit Rationalität und Logik zu tun. Es beruht eher auf unterschwelligen Ängsten und die sind einer der mächtigsten Einflussfaktoren auf unser menschliches Handeln.

Trägheit ist ein großes Problem. Als Jugendlicher war ich sehr träge. Dafür gab es viele Gründe. Zum einen war ich mit mir und der Welt überfordert. Mir fehlte die Orientierung und weil ich nicht wusste, in welcher Richtung ich mein Glück finde, habe ich resigniert und den Kopf in den Sand oder die Bong gesteckt. Es ist okay, wenn Jugendliche so eine Phase haben. Bei Erwachsenen verstehe ich es weniger.

Es ist okay, wenn jemand in eine Sackgasse gerannt ist und innehält, um sich neu zu orientieren. Aber das ist keine Trägheit, sondern ein komplexer, reflexiver Prozess. Das ist harte geistige Arbeit. Aber träge sein, ist etwas meiner Meinung nach zutiefst unreifes. Ich glaube wirklich, dass die Lust und die Bereitschaft hart arbeiten zu wollen, eines der Charakteristika ist, welches den Mann von einem Jungen unterscheidet. Ähnliches gilt sicher für Frauen.

Wichtig ist in diesem Zusammenhang das richtige Weltbild oder die richtigen Werte, die zwangsläufig mit der Wahl eines Weltbildes verbunden sind. Wer in seinem Leben chillen, gammeln oder hemmungslos konsumieren will, wird es nicht weit bringen. Schlimmer noch: Er wird es nicht schaffen, mit den Rückschlägen umzugehen. Das Leben ist voller endloser Rückschläge. Sie kommen unerwartet und sie kommen oft. Wer eine falsche Vorstellung hat und meint, die Welt müsste ihm immer alles recht machen und das Essen ans Bett oder die Transferleistung aufs Konto bringen, der wird sehr wahrscheinlich psychisch instabil werden. Der Weg aus der Krise beginnt immer, indem man sich aufrafft und den ersten Schritt wagt.

Die Bürokratie zu besiegen, scheint unmöglich. Schließlich handelt sie mit Exekutivgewalt und judikativer Legitimation. Beides ist keine Garantie dafür, dass die Administration moralisch oder effizient ist. Dennoch funktioniert es. Um bürokratische Missstände beheben zu wollen, braucht man einen langen Atem. Faulheit und Denkmuster lassen sich schnell verbessern. Aber die Fehler der Bürokratie beheben zu wollen, wenn die Beamten betriebsblind geworden sind, ist wie der Kampf gegen Windmühlen.

Nichtsdestotrotz haben wir keine Wahl. Wir wollen eine bessere Schule und eine Schule, die zu der Zukunft passt, die sich gerade aus der Gegenwart herausschält. Dass es das aktuelle Schulsystem nicht auf die Reihe kriegt, glaubt mehr als die Hälfte der Bundesrepublik längst nicht mehr. Also braucht es mutige Minister, um die Veränderungen zu initiieren. Die meisten von ihnen wollen wirklich, dass es Deutschland besser geht. Aber dann müssen sie auch etwas dafür tun und endlich die Hürden abbauen, die die Evolution hemmen.

13

Wer gelernt hat, doppelt so schnell zu lernen, wie jemand anderes, wird diesen in seinem Wissensvorsprung früher oder später überholen. Dieser Satz bezieht sich auf nicht weniger, als die Gegenüberstellung der Fähigkeiten Wissen zu besitzen oder lernen zu können. Was ist besser? Was ist mehr wert? Was macht erfolgreicher?

Die Antworten darauf stehen nicht im luftleeren Raum. Sie unterscheiden sich entsprechend der sozio-historischen Besonderheiten. Wir leben in der Zeit, wo das Internet zum stärksten Einflussfaktor auf der Erde geworden ist. Mit ihm kommen noch viele andere Technologien, die disruptives Potenzial besitzen. Hier ist besonders die künstliche Intelligenz und das maschinelle Lernen zu nennen. Es besitzt ein so großes Potenzial, die Welt umzuformen, dass niemand dieser Tage sagen kann, wohin das Ganze führen wird. Aus dieser technologischen Evolution könnte wirklich das Paradies auf Erden entstehen oder es ist das Tor globaler Massenarmut, weil kaum einer mehr Arbeit findet und Superkonzerne die Macht übernehmen. Wahrscheinlich wird es irgendwas in der Mitte sein. Wir wissen es nicht, aber wir wissen, dass das Internet mehr Wissen für quasi jeden zur Verfügung stellt, als es Wissen vor hundert Jahren überhaupt gegeben hat.

Das Lernen und das Wissen, im letzteren das Fachwissen, stelle ich bewusst als zwei unterschiedliche Paradigmen gegenüber. Dabei geht es explizit nicht darum, das eine zu tun und auf das andere zu verzichten. Wer das glaubt, denkt närrisch. Aber es geht um eine Taxonomie.

Wissen und Lernen gibt es heute in dieser neuen Epoche und es gab sie im Zeitalter, das hinter uns liegt. Auch zur Zeit, da die Bücher alles bestimmend waren, gab es Lernen und auch jetzt, da das Internet allmächtig zu werden scheint, wird es Lernen geben. Es geht darum, welches der beiden Phänomene im Zeitalter aus A.I., Internet, globaler Netze und der totalen Durchdringung unseres Lebens durch digitale und weitere Technologien die größere Bedeutung hat.

Natürlich war es auch schon früher so, dass jemand, der mehr gelernt hat, sich früher oder später durchgesetzt hat. Nur das Wissen war eben beschränkt. Somit konnte nicht jeder alles lernen. Das Maß des Lernens war durch den Zugang zu Wissen limitiert. Vor tausend Jahren waren Bücher ein Luxusgut, das nur begrenzt zur Verfügung stand. Selbst noch in der Mitte der Moderne war der Zugang zu Wissen stark reglementiert. Man musste sowohl zur richtigen sozialen Schicht gehören und dann auch noch männlich und wohlhabend sein, wenn man einen der begehrten Plätze an den Unis ergattern wollte, und Ausnahmen bestätigen diese Regel.

Erst mit der Verbreitung des Internets ist Wissen zu einem echten Allgemeingut geworden. Für jeden, der zwischen unnützem und nützlichem Wissen unterscheiden kann, steht eine gigantische Masse an Fakten, Theorien, Studien, Essays und Monographien zur Verfügung, die unglaublich ist, wenn man sie mit dem Buchzeitalter vergleicht. Die Menge, in der ein Gut vorhanden ist, entscheidet über seinen Wert. Als Wissen rar war, war es um ein Vielfaches wertvoller als das Wissen in einem Zeitalter nahezu grenzenlosen Wissens. Dies bezieht sich natürlich auf Wissen im Allgemeinen und schließt nicht aus, dass es besonderes Spezialwissen gibt, das einen deutlichen höheren Wert besitzt als das Wissen im Durchschnitt.

Lernen scheint eher an Bedeutung gewonnen zu haben. Unsere Daten zum Lernen sind nicht so umfassend, wie wir glauben. Dennoch teile ich den Eindruck, dass die älteren Menschen an sich besser lernen konnten, bezogen auf die Inhalte der Schule. Die heutige Generation der SuS tut sich seit zwanzig Jahren immer schwerer auf hohem Niveau zu lernen; zeitgleich nimmt die Zahl positiver Ausreißerwert zu.

Hat man einen unbegrenzten Zugang zu Wissen, lässt sich ganz anders lernen, als wenn das Wissen stark limitiert ist. Schon immer war es entscheidend, um eine Sache richtig einordnen zu können, dass wir auch viele Informationen aus angrenzenden Gebieten haben. Der Zugang zu solchen Daten war früher schwierig, wird heute gefühlt jährlich leichter.

Wenn man über die richtigen Lernstrategien verfügt, lässt sich mithilfe der Wissensflut viel besser lernen als mit der Flaute. Das schöne ist, dass wir auch das Wissen über die Nutzung von Lernstrategien online finden können. Wir müssen also noch nicht einmal gut lernen können, einfach weil das Wissen darüber, wie man gut lernt, ebenfalls online zur Verfügung steht. Wir müssen es einfach nur abrufen und dann lernen, bis wir gelernt haben, gut zu lernen und dann lernen wir das, war wir lernen wollen.

Bei einem oberflächlichen Vergleich wird bereits klar, um wie viel mehr das Lernen zählt. Natürlich bezieht sich das auf unsere Zeit. In einer Zeit beschränkten Wissens war es anders. Wir können auch nicht sagen, wohin sich die Welt entwickeln wird. Vielleicht wird eines Tages eine Technologie erfunden, die dem Menschen eine Fähigkeit quasi in seine Synapsen brennt und er und sie es dann einfach kann. Sollte eine solche Technologie erfunden werden, würde das Lernen als Paradigma seinen Stellenwert verlieren.

Meine Prophezeiung ist simpel: In der gegenwärtigen Zeit ist das Lernen zur bedeutendsten Fähigkeit für eine erfolgreiche Zukunft geworden. Wenn wir unsere Jugend fit für ihre Zukunft machen wollen, dann müssen wir sie vor allem in der Fähigkeit lernen zu können fördern. Das bezieht sich auf alle Bereiche. Vordergründig scheint es nur Dinge zu meinen, die für eine erfolgreiche Karriere gelernt werden müssen. Aber das ist ein großer Irrtum. Auch eine Familie oder amouröse Beziehung glücklich führen zu können, muss gelernt werden. Selbst die Fähigkeit psychisch resilient zu sein, ist etwas, das gelernt werden kann. Angesichts der Tatsache, dass immer mehr Jugendliche psychisch krank werden, ist es sogar etwas, das gelernt werden sollte!

Lernen ist das Schiff in unsere erfolgreiche Zukunft. Es muss dabei kein Schiff fürs Meer oder ein Zeppelin sein. Wir können es uns gern als ein Schiff vorstellen, das zu den Sternen aufbricht. Lernen ist die zentrale Fähigkeit in einer Welt, die exorbitant viel Wissen besitzt. Denn dieses Wissen muss geordnet und anwendbar gemacht werden. Der Prozess, um das möglich zu machen, ist das Lernen.

14

Leider habe ich in den letzten anderthalb Jahrzehnten nicht den Eindruck gewonnen, dass das Lernen einen großen Stellenwert unter den deutschen Lehrkräften hat. Das ist verwunderlich, da in dieser Zeit die erste deutsche Kanzlerin die ganze Nation zum lebenslangen Lernen aufgerufen hat; was für jeden ernsthaften Beamten eine Verpflichtung hätte sein müssen. Zugleich hatte diese Kanzlerin vom Neuland über die digitale Welt und das Internet gesprochen, als es bereits unübersehbar zur einflussreichsten Größe der Welt aufstieg. Ich denke, das zeigt auch, dass diese Frau nicht besonders lernwillig war.

Wer lernen lehren will, muss lernen zu lernen und er oder sie muss lernen. Das lässt sich sogar noch weitertreiben: Nur wer gelernt hat, das Lernen zu lieben, wird die Freude am Lernen vermitteln können. Dabei ist die Freude am Lernen der größte Garant, um langfristig zu lernen.

Meine Einschätzung fällt in eine Zeit, in der der Lehrberuf immer unattraktiver geworden ist. Zumindest ergeben das die Umfragen. Ich selbst bin mir nicht sicher, ob ich noch einmal Lehramt studieren würde in dieser Schullandschaft und der in ihr vorherrschenden Unternehmenskultur. Die meisten Lehrkräfte, die ich kenne, haben den Eindruck, dass dieses System nicht viel auf seine Lehrkräfte gibt. Das Gefühl, allein zu sein, ist trotz all der verpflichtenden Methodentrainings deutlich größer als früher.

Weg vom Negativen und hin zum Positiven: Lernen kann Spaß machen. Ich habe Lernen lieben gelernt. Seitdem ich es liebe, will ich eigentlich gar nichts anderes mehr tun. Allein die Vorstellung, faul in der Sonne am Strand liegen zu müssen, ohne etwas lernen zu dürfen, ist grauenvoll. Ich will jetzt nicht sagen, dass ich lernsüchtig geworden bin. Ich weiß nicht einmal, ob es so etwas gibt. Aber ich muss sagen, dass ich das Gefühl zu lernen, zu üben und etwas zu vertiefen total liebe.

Warum lieben es die anderen Lehrkräfte nicht, oder glaubt ihr, dass ich falsch liege und alle Lehrkräfte gern, viel und täglich lernen? Ich kenne beide Antworten nicht genau, auch wenn ich sehr viele Vermutungen habe. Definitiv stecken die älteren KollegInnen – und das ist nicht schlimm – mit ihrem Weltbild immer noch im zwanzigsten Jahrhundert fest. Ich glaube, die meisten haben sich bisher noch nicht hingesetzt und recherchiert, wie sich die Lebensumstände für die heutige Jugend im Privaten wie auch in der Berufswelt verändern werden. Das wäre aber eine Grundvoraussetzung, wenn sie ihren Unterricht verantwortungsvoll gestalten wollen.

Es gibt viele, die glauben, dass die Veränderungen durch die Technologieschübe so einschneidend für die gesamte Menschheit werden wie der Übergang im Neolithikum, als wir Menschen von Nomaden zu Sesshaften wurden. Damit wären die Veränderungen signifikanter als der Übergang vom Mittelalter zur Neuzeit.

Ich werde nicht müde, zu sagen, dass ein neues Zeitalter nicht auf den alten Typ Lehrer setzten kann. War der gut für die vergangene historische Epoche, wäre es gefährlicher Irrsinn zu glauben, dass ihm das automatisch eine Eignung fürs neue Zeitalter garantiert. Ich glaube, dass er das nicht tut und die Lernexpertin viel bessere Leistung erbringen würde.

Eine Lernexpertin, die im heutigen Schulsystem arbeiten muss, würde ihre Vorteile nicht entfalten können. Es ist sehr wahrscheinlich, dass sie nach einigen Jahren entweder aufgibt und sich in der Privatwirtschaft einen Job sucht, oder noch schlimmer, dass sie innerlich ausbrennt und zu einer leeren, angepassten Hülle wird. Wenn ich an meine letzte Schule und die vielen leeren Blicke der Lehrkräfte dort denke, dann habe ich den Eindruck, dass es schon heute zu oft passiert, dass Lehrkräfte innerlich aufgeben, weil das Schulsystem sie und ihre kreative Herzlichkeit erstickt.

Wer gelernt hat, lernen zu lieben, hat sich eine Festung geschaffen, die ihn durch die harten Jahre tragen kann. Auf uns alle warten große Herausforderungen. Es sind die persönlichen Aufgaben wie die Kindererziehung, das eigene Altwerden und die Realität, dass der Körper Stück für Stück schlapp macht, und die Wirtschaftlichen wie Rechnungen, Karriereplanung und Investitionen. Dazu kommen die neuen Kräfte, wie die ständigen technischen Entwicklungsschübe. Sie verlangen von uns eine permanente Anpassung. Die Geschwindigkeit scheint dabei nicht nur stark zuzunehmen, sondern auch die Sanktionen, wenn man sich nicht anpasst, scheinen dramatischer zu werden. Dazu kommen aber auch die alten Probleme wie der staatliche monotheistische

Fundamentalismus und der Faschismus, die in turbulenten Zeiten wieder deutlich mehr Menschen anziehen, weil sie sich nach einfachen Lösungen sehnen.

Jede Lehrkraft muss ihren Schwerpunkt setzen. Die Welt der Pädagogik ist so gigantisch, dass es gar nicht anders geht. Die linken Zirkel, die an den Universitäten seit Jahren die Deutungshoheit haben, haben ihren Schwerpunkt gesetzt und es hat uns in die größte Bildungskrise unseres Staates geführt. Ich habe lange überlegt, was der beste Schwerpunkt sein müsste, um die besten Ergebnisse für die meisten erreichen zu können (für die meisten bedeutet hier, dass es in den Sozialwissenschaften fast unmöglich ist, hundert Prozent der Menschen zu erreichen).

Ich liebe das Lernen so sehr, dass mich die Vorstellung, faul vor dem TV oder Stream zu sitzen oder mich am Strand auf einer Liege zu sonnen, ernsthaft verängstigt. Wenn ich da wieder hinkomme, weiß ich, ich bin wieder auf dem Weg mein Leben gegen die Wand zu fahren. Ob Faulheit eine psychische Disposition oder psychische Krankheit ist, kann ich nicht bestimmen. Aber es ist unnatürlich. Unser gesamter psychophysischer Apparat braucht die Aktivität, um gesund zu funktionieren. In dem alten Sprichwort: Wer rastet, der rostet, steckt mehr Wahrheit, als man glaubt. Das gilt auch fürs Lernen. Wer seine Fähigkeit zu lernen nicht ständig übt, wird schlechter darin werden zu lernen.

Was wir brauchen - und das ist meine aufrechte Meinung angesichts der größten Bildungskrise des Staates - ist ein innerer Aufbruch zu neuen Ufern innerhalb des Kollektivs aus Lehrern und Lehrerinnen. Niemand kann ernsthaft noch glauben, dass die aktuelle Mainstreampädagogik effizient ist. Noch weniger sollte jemand glauben, dass der Schritt zurück zu einer Pädagogik, wie sie im Kaiserreich praktiziert wurde, die Lösung für unsere Probleme ist. Leider glauben das viel zu viele und mit ihrer militärischen Härte schüchtern sie in vielen Kollegien nicht nur die SuS, sondern auch viele LuL ein. An meiner letzten Schule wurde von diesen Lehrkräften mit ihrer Art ein unangenehmes, toxisches Betriebsklima geschaffen.

Auch für den Stand der Lehrkräfte wird es Zeit, den nächsten evolutionären Schritt zu wagen. Eine Spezies, die es nicht versteht, sich an die veränderten Umweltbedingungen anzupassen, ist zum Aussterben verdammt. In den letzten Tagen habe ich mir die Zeit genommen, um die neuesten Fortschritte der A.I. zu eruieren. Die Sprachassistenten sind jetzt schon in der Lage, Empathie vorzuspiegeln. In einigen Studien haben Menschen positiv und leistungssteigernd auf die „empathische" Unterstützung durch die A.I. reagiert. Im Gegensatz dazu schaffen es viele Lehrkräfte nicht mehr, den SuS das Gefühl zu geben, mit ihnen empathisch verbunden zu sein.

Eine empathische Ebene mit einem SuS herzustellen, ist eine Frage des Kompetenzlevels. Heutzutage funktionieren viele SuS nur noch, wenn man ihnen das Gefühl gibt, empathisch für sie da zu sein. Keine Frage, das sind oft die Schwierigen. Zwar funktionieren diese SuS auch gut unter extrem strengen LuL, aber meist müssen sie diesen Druck dann woanders (negativ) kompensieren. Letzteres kriegt die Drill-LuL selten mit, da sie den SuS nicht in seiner Ganzheit, sondern nur in seiner Rolle als zu Unterrichtender sieht. Eine solche Sicht ist beschränkt. Das Leben eines jungen Menschen ist holistisch. Alles bedingt sich gegenseitig. Jeden Stress, den wir diesem SuS zufügen, wird er anderswo ausgleichen müssen. Von noch mehr suchtkranken und kleinkriminellen Jugendlichen haben wir nichts.

Jüngst erschien eine aktuelle Untersuchung über den Alkoholkonsum bei Jugendlichen in England in den Medien. Es ist erschreckend, wie sehr der zugenommen hat. Ich muss ehrlich zugeben, dass mir die Kids oft vertrauen und mir viel erzählen. Wir haben ganz ähnliche Probleme bei uns beim Missbrauch von Drogen wie Cannabis, Alkohol und Zigaretten. Seit der Pandemie hat die Zahl der Jugendlichen, die rauchen, zum ersten Mal seit Ewigkeiten wieder stark zugenommen.

Wir müssen lernen, unsere SuS empathisch an die Schule zu binden. Denn die Schule ist aus ihrer Sicht der Staat. Wenn es uns misslingt, die SuS positiv an die Schule zu binden, führt das extrem häufig auch zu einem inneren Konflikt mit unserem Staat. Die fehlende Identifikation mit der Schule wird zu einer fehlenden Identifikation mit dem Staat. Da die meisten LuL verbeamtet sind, frage ich mich, wie das mit ihrem Berufsethos d´accord geht.

Die Lehrer und Lehrerinnen haben keine Wahl, als sich auf das neue Zeitalter und die neue Art des Lehrerseins in diesem Zeitalter einzulassen. Sonst wird wirklich ein verrückter Wissenschaftler aus reinem Frust eine Schule mit A.I. und Robotern konstruieren, die ganz auf humanoide Lehrkräfte verzichten kann. Solche Versuche wird es nicht geben, wenn der Lehrstand seine Aufgabe so erfüllt, dass seine „Kunden" zufrieden aus der Schule gehen und wenn sie sich gern an ihre Schulzeit erinnern.

Der Schule misslingt es in einem so extremen Maß, positive Erinnerungen zu konstruieren, dass es ein Drama ist. Dieses Ergebnis bedingt sich direkt aus der Leistung der Lehrer und

Lehrerinnen der Bundesrepublik. Ich schreibe das hier, weil ich glaube, dass wir mehr können. Ich finde, es wird Zeit, dass wir bessere Ergebnisse produzieren. Wir müssen lernen, wie wir es hinkriegen, dass der überwiegende Teil der SuS die Schule verlässt und positiv und gern an die Zeit zurückdenkt. Das schulden wir den SuS und das schulden wir dem Staat. Denn dafür bezahlt er uns!

Würde ich heute noch so lernen wie in der Schule, hätte ich keine Lust aufs Lernen. Aber ich habe gelernt, anders zu lernen. Quantitativ lerne ich dieser Tage mehr und härter als jemals zuvor, aber es fühlt sich nicht anstrengend an. Es stresst mich nur dann, wenn ich nicht genug lerne, weil ich dann unzufrieden bin. Die Lust lernen zu wollen, kann sehr angenehme Gefühle erzeugen. Hätte man mir das in meiner Schulzeit gesagt, hätte ich ungläubig gelacht. Genauso würden viele SuS heute lachen, falls ich ihnen erzähle, wie viel Spaß es macht, etwas sehr intensiv zu lernen.

Es gibt verschiedene Arten, zu lernen. Die einen sind sehr anstrengend und frustrierend. Andere machen Spaß und sind mehr wie ein aufregendes Abenteuer. Wenn eine Lehrkraft nicht gelernt hat, auf die zweite Art zu lernen, wie will sie dann in ihren SuS die Lernfreude wecken. Fakt ist, die meisten GrundschülerInnen kommen mit Feuer in den Augen in die Schule. Sie wollen nichts anders als lernen und sie lernen auch gern. Dann brennt dieses Feuer bei den meisten aus. Sagt mir jetzt nicht, dass euch das noch nicht aufgefallen ist. Ist es nicht traurig zu sehen, wie sie ihren Lerneifer wieder verlieren?

Bei mir war das ganz genauso. Auch ich kam in die Schule, bereit alles zu lernen. Zehn Jahre später hatte ich zwar immer noch mehr Lust aufs Lernen als andere. Es war trotzdem nicht mehr dasselbe. Heute bin ich wieder wie das Grundschulkind. Lernen empfinde ich als Abenteuer und ich kann mir keine Kreuzfahrt vorstellen, die mir mehr Freude machen würde.

Neue Lehrer braucht das Land. Diesen Slogan kann man dieser Tage wirklich rufen. Zuerst einmal brauchen wir Lehrer und Lehrerinnen mit großen Herzen. Die Fähigkeit, mit den SuS mitfühlen zu können, halte ich für noch wichtiger als das Lernen. Zeitgleich steht diese Eigenschaft in starker Verbindung zu jedem erfolgreichen Lernprozess. Gibt es eine natürliche Selbststeuerung im Kind, die es automatisch dazu bringt, sich bestmöglich zu entwickeln? Ich denke, die gibt es, aber sie kann sich nur entfalten, wenn das Kind emotional sicher sein kann, nicht für Fehler bestraft und stattdessen immer wertgeschätzt werden wird.

Das Lehrerdasein ist bestimmt durch das Verhältnis zwischen den zu Bildenden und dem Bildenden. Dieses Verhältnis ist extrem dynamisch. Heutzutage ist es eine ziemliche Achterbahnfahrt. Ich glaube, es sind äußere Faktoren, die dieses Auf und Ab verstärken, zum Schaden für den zu Bildenden. Die Lehrkraft muss sich entweder aller Teile dieses Prozesses bewusst sein oder bereit sein, sich jederzeit geistig für jeden Teil des Prozesses zu öffnen, um ihn verstehen zu können.

Wenn die Lehrkräfte von morgen erfolgreich sein wollen, können sie nicht mehr so weitermachen wie in diesen Zeiten der Bildungskrise. Denn diese Krise ist nicht ausgelöst durch den Fachkräftemangel, verhaltensauffällige SuS oder die Medien. Das sind externe Einflussfaktoren oder Symptome. Die Ursache für die Krise liegen im System selbst. Deshalb können sie nur von den Lehrkräften innerhalb des Systems gelöst werden. Meiner Meinung nach wird das nur gelingen durch den nächsten Schritt auf der evolutionären Leiter der Pädagogik.

15

Desto mehr und desto schneller wir lernen können, desto schneller und besser können wir die Gesellschaft nach unseren Bedürfnissen formen. Aktuell leben wir in einer Zeit permanenter Krisen. Es ist eine turbulente Zeit, weil so viele Sachen sich total neu ausrichten. Die Umstellung kostet nicht nur viele Wachstumsschmerzen, sie verhärtet auch die Fronten und zerstört althergebrachte Traditionen. Damit kreativ umzugehen, um es zu einem positiven Ausgang führen zu können, erfordert sehr viel Einsicht.

Große Studien lassen tatsächlich den Schluss zu, dass sich die globale Intelligenz in den letzten Jahrzehnten erstmals seit über einem Jahrhundert wieder zurückentwickelt hat. Die Menschen stumpfen ab. Dafür dürfen wirklich die Medien verantwortlich gemacht werden. Während jemand, der sich pausenlos beschallen lässt, extrem viel Wissen aufnimmt, hat er nicht die Zeit, dies reflektiert zu verarbeiten und damit wirklich zu einer Einsicht zu gelangen, die ein Grundaspekt höherer Intelligenz ist.

Desto mehr Spaß wir daran haben, etwas zu lernen, desto mehr wollen wir lernen. Das Lernen zu lieben, lässt sich lernen. Warum das nicht in den Schulen zuerst gemacht wird, begreife ich bis heute nicht. Was aber gemacht wird, wenn auch nicht von den Schulen, ist permanent Bedürfnisse in unserer Jugend zu wecken. Milliardenschwere Firmen führen penetrant millionenschwere Werbeaktionen durch, um die Jugend zu etwas zu drängen. Das verursacht gigantische Opportunitätskosten.

Wer das Konzept der Opportunitätskosten nicht kennt: Es geht darum, dass wir eine Sache tun und dadurch eine andere Sache nicht tun können, die uns mehr bringen würde. Weil unsere Jugend versucht, die ganzen künstlich geschaffenen Bedürfnisse der Werbung zu befriedigen, hat sie gar keine Zeit mehr, das Lernen lieben zu lernen. Die Betonung liegt auf künstlich.

Ich habe nichts gegen (gutes) Wirtschaften. Wir brauchen eine gute Wirtschaft. Wenn man Leuten aus der Wirtschaft zuhört, dann scheint es ihnen wirklich darum zu gehen, Werte zu schaffen und sie sagen, dass es fair ist, für echte Werte hohe Preise zu verlangen. Diese innere Logik ist bestechend. An sich kann ihr niemand widersprechen. Die Wahrheit ist leider, dass ein erheblicher Teil dieser Werte keinen echten Wert besitzt. Es befriedigt in vielen Fällen nur das Gefühl, dazugehören zu dürfen, welches vorher explizit von den Werbekampagnen geschaffen worden ist.

Für die nächste Generation bedeutet das den ersten großen Wohlstandsverlust seit der Gründung unseres Staates. Die Opportunitätskosten der medialen Kultur sind so gewaltig, dass die Verluste auf anderen Gebieten so dramatisch sind, dass es katastrophal ist. Natürlich sollte man an dieser Stelle die Schulen in die Pflicht nehmen, sodass sie die Jugend wirklich ernsthaft abwehrfähig gegen den Einfluss der Werbestrategien von Firmen macht, die ihnen Bedürfnisse einreden, die ihren natürlichen Bedürfnissen entgegengesetzt sind und sie deshalb tendenziell sehr unglücklich machen werden. Bedauerlicherweise geschieht das nicht!

Wir brauchen eine neue Lernkultur, falls wir als Land und als Kontinent wieder zu den am schnellsten wachsenden gehören wollen. Dieses Wachsen impliziert an dieser Stelle natürlich nachhaltiges Wachstum. Das ist der einzige Weg für Deutschland und für Europa. Gucken wir uns China an, dann werden wir immer neidisch über deren Wachstum. Trotz der Bösartigkeit des Kommunismus und Korruption, die China beherrscht, ist diese zuerst einmal auf dem Fleiß der dortigen einfachen Bevölkerung aufgebaut. Aber wie sollte dieser enorme Wachstum möglich gewesen sein, ohne eine Lernleistung, die dem vorausgegangen ist? Selbst die USA wählt diesen Weg, wenn auch auf Kosten der sozialen Ungleichheit.

Wir sollten uns fragen, warum wir nicht lernen wollen? Damit meine ich nicht die Jugend oder die Menschen unter dreißig. Ich meine alle, die über dreißig sind und somit die Reife besitzen sollten, sich ihrer „staatsbürgerlichen" Pflicht bewusst zu sein. Wir sind im Bereich digitale Technologie zum sich am langsamst entwickelnden Kontinent der Erde geworden. Warum ist das so? Weil wir nicht lernen wollen!

Lernen ist der Weg aus der Krise! Wenn wir lernen, die Krise zu meistern, werden wir sie meistern. Das klingt wie eine Binsenweisheit und das ist es auch. Dennoch sitzen jeden Sonntagabend Millionen unseres Volkes vor dem TV und schauen den Tatort, statt zu lernen. Mann muss nicht mehr sagen, um zu verstehen, warum unsere Kultur es seit Jahrzehnten nicht schafft, sicher durch Krisen zu segeln oder generell krisenfest zu werden.

Erhebe ich das Lernen zu unserer Generallösung. Falls es die gibt, dann wäre es das Lernen. Auch die neuen A.I. Modelle werden nur durch einen permanenten Lernprozess besser. Nur weil sie mit exorbitant vielen Daten gefüttert werden, aus denen sie „lernen", werden sie besser und sie sind bereits zu einer Bedrohung für Millionen Arbeitende geworden.

Lernen in einer begeisterten Lernkultur funktioniert anders als in einer Kultur, die Lernen zu etwas langweiligen erklärt. Aktuell befindet sich das Gros unserer Kultur im zweiten Feld. Zeitgleich lässt sich anhand der historischen Daten der Schluss ziehen, dass das wirtschaftliche Momentum, welches uns seit über hundert Jahren zu einer führenden Ökonomie machte, aus einer lernwilligen Kultur hervorgegangen ist.

Unser ökonomischer Aufstieg war von einer Begeisterung fürs Lernen (von Neuem) begleitet. Während der langsame ökonomische Rückschritt, welchen wir dieser Tage erleben, von einer Ablehnung einer echten Lernkultur begleitet wird. Dass wir uns wirtschaftlich zurückentwickeln, zeigt das Aufgehen der sozialen Schere, als auch den Verlust von wirtschaftlichen Sicherheiten, die wir vorher besessen haben, wie Wohnraum, Rente oder Wasserknappheit.

Wer bisher in seinem Leben die Relevanz des Lernens für ein erfolgreiches und glückliches Leben, als auch für eine sozial gerechte und prosperierende Gesellschaft nicht verstanden hat, wird nicht verstehen, was ich mit diesem Essay aussagen will. In einer Zeit der Influencer sagte der erfolgreichste Influencer der USA, dass die Grundlage für ein glückliches Leben der ständige Fortschritt ist. Was ist Fortschritt anderes als eine spezifische Art zu lernen?

Lernen ist nicht nur das Paradigma für eine erfolgreiche Schule der Zukunft. Sie ist auch der Highway, der uns aus einer Zeit permanenter Krisen wieder in eine ruhige und stabile Zeit führen wird. Denn auch bezogen auf die Krisen unserer Zeit können wir den Gegensatz von einem Satz spezifischen Fachwissens und einem permanenten Prozess des Lernens feststellen. Unser Wissen hat unser Handeln bedingt, das uns in die Krisen geführt hat. Durch neu erlerntes Wissen, das Reframing alten Wissens und durch bessere Datenakquise mit verbesserten Analysetechniken werden wir die Krisen hinter uns lassen.

Lernen kann Spaß machen. Jeder, der schon einmal wirklich auf beiden Seiten gestanden hat, wird bestätigen, dass es viel entspannender ist, dauerhaft zu lernen, zu üben und zu trainieren, als sich faul an den Strand zu legen oder vor den Fernseher zu setzen. Natürlich gibt es viele, die mir jetzt widersprechen. Aber das liegt daran, weil sie noch nie auf beiden Seiten oder vielmehr weil sie noch nie auf der Seite der extrem disziplinierten Entrepreneure gestanden haben. Tief in den kognitiven Subroutinen ihres Unterbewusstseins tragen sie noch die Glaubenssätze, dass das sinnfreie Relaxen, Chillen oder Gammeln entspannend sind. Aber das ist nur eine Sicht und das kann ich deshalb sagen, weil ich wirklich beides gelebt habe. Mein Fazit ist: Selbstbestimmte, sehr harte Arbeit macht glücklicher und lässt den Körper mehr entspannen als Faulenzen und Chillen!

Der Schritt zu einer besseren Schule muss auch der Schritt in eine bessere Gesellschaft sein. Gucken wir uns in unserem Land um, dann ist die Unzufriedenheit überall zu hören. Wir sind ein sehr unzufriedenes Volk. Über uns im Norden sind die Dänen hingegen für ihre Zufriedenheit bekannt. Ich war da und kann es bezeugen. Wieder stellt uns das vor die Wahl. Wollen wir als Deutsche einfach weiter den Kopf in den Sand stecken und faulenzen oder uns in die Hände spucken und buckeln, bis unser Land ein glückliches Land ist?

Ich sage oft aus Spaß, dass es typisch altdeutsch ist, in die Hände zu spucken und sehr diszipliniert zu schuften. Im Gegensatz dazu ist es neudeutsch, pausenlos zu meckern und herumzuheulen. Wir allen wissen, wie dominant der Einfluss der Meckerer und Rumheulerinnen auf unser Land ist. Sie lassen keinen von uns in Ruhe mit ihren pausenlosen Klagen und Verschwörungstheorien. Aber sieht man sie wirklich mal hart arbeiten für ein besseres Leben? Nein!

Eine bessere Gesellschaft wird automatisch eine bessere Schule hervorbringen. Schulpolitik ist deshalb immer auch Gesellschaftspolitik. Wollen wir Schule zu einem Ort des freudigen Lernens machen, müssen wir ein Volk sein, dessen Lieblingsbeschäftigung es ist, freudig zu lernen. Können wir das lernen? Natürlich können wir das lernen!

Was könnten wir alles für tolle Sachen lernen! Wir könnten lernen, wie wir cool zusammen herumhängen und dabei Sachen machen, die es wert sind, dass wir zusammen gewesen sind. Das könnte etwa der Line Dance aus den Western sein. Wir könnten lernen, wie wir das pro Kopf Einkommen signifikant steigern und wie wir die Lebenshaltungskosten gleichzeitig senken. Beides zugleich zu lernen, könnte den Wohlstand des Volkes mehr steigern als jede andere Maßnahme der letzten Jahrzehnte.

Das sind nur zwei Beispiele für Dinge, die wir zusammen lernen könnten, die uns viele Vorteile und Spaß bringen würden. Ich glaube, sie würden uns mehr Spaß machen, als vor der Glotze zu sitzen und auf den Bildschirm zu starren. Denn wie viel teilt man wirklich von sich mit, wenn man nur zusammen fernsehen guckt?

Wie fähig ist das deutsche Volk, sich nochmal aufzuraffen, um sich den Herausforderungen zu stellen? Ich gebe zu, dass meine Hoffnungen nicht allzu groß sind. Derzeit wirkt unser Volk ziemlich träge und ziemlich zerstritten. Ich sah gerade eine Karikatur. Darauf sieht man einen König auf seinem Balkon, der auf die aufgebrachte Menschenmasse vor seinem Schloss schaut. Sein Berater flüstert ihm zu, dass er die Leute mit den Heugabeln nur dazu kriegen muss, dass sie glauben, die Leute mit den Fackeln wollen ihnen die Heugabeln wegnehmen. Diese Karikatur beschreibt den Zustand unserer Gesellschaft gut. Ob wir wirklich dazu fähig sind, aufzuwachen und beginnen, die wichtigen Arbeiten auf die richtige Art anzugehen, weiß ich nicht. Am Ende wird die Zukunft die Antwort bringen.

16

Ziehen wir ein erstes Fazit: Wir stecken unübersehbar in einer gigantischen Bildungskrise. Nicht nur das Jammern der LuL, SuS und ihrer Eltern beweist das. Auch die zahlreichen nationalen und internationalen Vergleichsstudien lassen nur diesen Schluss zu. Obendrauf kommen noch die häufigen Rückmeldungen von Ausbildungsstätten und Universitäten, die schockiert sind, über die mangelnden Fähigkeiten der jungen Menschen, die zu ihnen kommen, um einen Beruf zu erlernen.

Natürlich sind das nur Durchschnittswerte, aber es gibt auch positive Ausnahmen. Dennoch ist das Bild, das sich zeichnet, so eindeutig, dass wer an der Krise zweifelt, zweifelsfrei ein Teil des Problems ist. Nun geht es in diesem Essay nicht um die Aufzählung der miserablen Zustände, sondern um einen Weg, der aus der Krise führt.

Ich habe als Ursache für die Krise einen anderen Punkt identifiziert, als wie von den meisten genannt. Wir hören sehr viel vom Fachkräftemangel, Verhaltensproblemen, der Bildungspolitik oder der sozialen Ungleichheit. Definitiv sind das auch Gründe für unsere Situation. Aber ich glaube, dass es Gründe gibt, die deutlich relevanter sind. Einer dieser Gründe ist, dass wir den Schulen Konzepte zugrunde legen, die über fünfzig Jahre alt sind.

Eines dieser Konzepte ist die Idee des Fachlehrers. An sich ist das eine tolle Idee gewesen. Wirklich! Sie verdient großes Lob. Nur wenn ich heute etwas wissen will, dann hole ich mein Handy aus der Tasche und frage Google. Ich muss nicht zu meinem Lehrer laufen und ihn fragen. Das soll nicht überheblich klingen. Es beschreibt einfach nur die Welt, in der wir leben, die sich stark von der Welt unterscheidet, in der sie sich das Konzept der Fachlehrerin ausgedacht haben.

Schauen wir uns nur die letzten fünf Jahre an, dann sehen wir, wie viel die Technologie Einzug in jeden Winkel unseres Lebens nimmt. Durch die Pandemie ist das Ganze potenziert worden. Aber die Technologieschübe scheinen nicht aufzuhören. Derzeit rollt die vierte Generation Chatbots durch unser Land und stellt auch das Bildungssystem vor ungeahnte Herausforderungen. Am Horizont warten die Quantencomputer und die Frage, ob sie sich noch disruptiver auf Wirtschaft und Gesellschaft auswirken werden als die A.I Technologie?

In den Schulen stecken wir oft noch im Fax-Zeitalter fest. Ich betone das so, weil einer der großen deutsche A.I. Pionieren sich immer wieder darüber lustig macht, dass wir noch im Fax-Zeitalter feststecken. Leider hinken wir in einem Tempo hinterher, das die Kids von heute ausbaden werden müssen. Denn unsere Unfähigkeit, technologisch am Zahn der Zeit zu sein, wird sich eins zu eins in ihrer späteren Wirtschaftsleistung niederschlagen.

Es gäbe viele Punkte, die heute mit den klassischen Apps und Software gemacht werden könnten. Wahrscheinlich sollten wir wirklich davon ausgehen, dass ein Viertel der heutigen Tätigkeiten von Lehrkräften in der Schule von der digitalen Technik erledigt werden könnte. Die zwei besten Beispiele sind die Vertretungspläne und die Korrektur von einfachen Tests.

Auch wenn die jüngsten Fortschritte in der A.I. Technik spüren lassen, dass sie auch bald anspruchsvolle Texte Korrektur lesen und bewerten könnte. Einfache Tests könnte sie schon heute kontrollieren und bewerten. Die LuL würden dadurch deutlich entlastet. Zum anderen steht fest, dass es Apps gibt, die den Vertretungsplan mithilfe von A.I. machen könnten. Hab direkt hier parallel zum Schreiben den Chatbot gefragt. Er hat es mir bestätigt: Kein Konrektor*in müsste sich damit noch morgens herumquälen und den Vertretungsplan machen. Dank A.I. ist das schon längst eine überflüssige Tätigkeit für eine Konrektorin geworden und es stellt sich die Frage, wieso die Ministerien und der Senat eine solche A.I. App nicht für die bundesweite Nutzung in Auftrag geben? Stattdessen könnten sich die Rektorate endlich um die Belegschaft kümmern, was viel wichtiger ist und in diesen Tagen trotz Fachkräftemangel immer noch zu wenig geschieht.

Die Schule des digitalen Zeitalters wird vieles anders machen müssen, um zeitgemäß zu sein. In unserem Land steckt die Politik den Kopf in den Sand. Das faszinierende ist, dass es in Estland funktioniert. Das Land liegt nicht am anderen Ende der Welt und es ist auch nicht besonders reich. Dennoch kriegen die es hin. Dass das auch die Frage aufwirft, ob nicht ein bundesweit einheitlicher Weg nötig wäre, ist längst allen klar. Föderalismus hat sicher viele Vorteile. Aber wir sind in diesem Punkt so weit ins Mittelfeld gerutscht, dass wir uns die übliche Flickenteppichpädagogik diesmal vielleicht nicht mehr leisten können.

Mein Fazit ist eine neue Stufe der Pädagogik. Wie gesagt, bin ich kein Freund von Revolutionen und von Reformen, die alles verschlimmbessern. Es gibt Fortschritt. Denn es gibt die Evolution. Die These dieses Essays ist, dass der Lernexperte die nächste höhere Evolutionsstufe in der Pädagogik im Vergleich zum Typ des Fachlehrers in einer oder zwei wissenschaftlichen Disziplinen ist.

Lernen kann der Schlüsselfaktor für das digitale Zeitalter sein. Die Geschwindigkeit, mit der sich Dinge entwickeln, ist eines der Merkmale dieser Epoche. Es hat noch nie eine Zeit gegeben, in der sich die Umstände, Technologien und die sozialen Realitäten schneller geändert haben. Das letzte Jahrzehnt vermittelt den Eindruck, dass diese Dynamik noch zunehmen könnte. Wie wollen wir damit umgehen? Denn wenn sich alles weiterentwickelt, wird das, was eben noch aktuell und nützlich war, plötzlich veraltet und unnütz. Dann müssen wir sowieso neu lernen: Also warum nicht direkt das Ideal des Lernens explizit zur höchsten Maxime der Didaktik erheben?

17

Was ich mir wünsche, ist eine neue Bewegung. Natürlich wird jede Bewegung früher oder später von der nächsten überholt. Das trifft auf die Letzte zu und wird auf die zutreffen, die ich vor Augen habe. Was ich mir wünsche, ist eine Bewegung, die uns ins neue Zeitalter führt.

Ich bin gegen eine große Kritik an der Pädagogik der letzten Jahrzehnte. Sie hatte ihre Berechtigung. Zugleich bin ich für die maximale Schärfe, um klarzumachen, dass eine veraltete Pädagogik extrem katastrophale Folgen für die Jugendlichen haben kann. Das ist kein Spiel oder so. Es geht hier um die Zukunft einer ganzen Generation. Wir können doch nicht wirklich glauben, dass wir ihnen mit einer Pädagogik der 1990er Jahre zu einer erfolgreichen Zukunft verhelfen? Wo auch immer ich gearbeitet oder hospitiert habe, haben sie die pädagogischen Modelle des zwanzigsten Jahrhunderts benutzt. Das ist Irrsinn!

Ich träume von einer neuen Bewegung, die sich zu den Ufern eines technologischen Zeitalters aufmacht. Natürlich gibt es Technologien seit Jahrhunderten. Ich will gar nicht leugnen, dass sie uns seit langem prägt. Aber das, was wir seit der Einführung des Internets erleben, hat ein Ausmaß erreicht, das alles übersteigt, was wir in dem Jahrtausend davor in der Interaktion zwischen Mensch und Maschine gesehen haben. Deshalb glaube ich, so wie andere auch, dass wir die größte Zäsur seit dem Neolithikum erleben, als wir sesshaft geworden sind.

Genau weiß man nie, wohin sich ein Zeitalter entwickelt. Wer hätte vor ein paar Jahren mit einer Corona-Pandemie gerechnet, die alles auf den Kopf stellte und den Autokraten massiven Wind unter den Segeln gibt. Bei allem, was wir tun, müssen wir mit Wahrscheinlichkeiten rechnen. Im Grunde galt das schon immer. Aber in extrem dynamischen Zeiten, wie den unseren, wird es viel offensichtlicher. Tatsächlich gab es mit den Veganern auch eine Gruppe, die permanent davor gewarnt hatte, dass sich ein Virus von einem Tier auf einen Menschen übertragen und zu einer globalen Epidemie führen könnte. Aber niemand hat das vor Corona für wahrscheinlich gehalten.

Wir Lehrer und Lehrerinnen könnten uns aufraffen und zu einem Leuchtfeuer für die neue Zeit werden. Abgesehen davon, dass es nötig ist. Das wäre unsere Chance, uns wieder in die Herzen der Menschen zu lehren. Aktuell sind wir im Volk nicht besonders beliebt. Ich persönlich finde das ziemlich tragisch. Zugleich überrascht mich das angesichts der Leistungen des Schulsystems wenig. Aber was war, war und was sein wird, wird sein und wir sind nicht dazu verdammt weiter die Buhmänner der nächsten Generation zu sein.

Jugendliche, die in ihre jungen Leben nach der Schulzeit starten und immer wieder merken, wie sehr ihnen das hilft, was sie in der Schule gelernt haben; diese Jugendlichen werden (wieder) tiefe Ehrfurcht vor uns haben. Ist das nicht unser eigentliches Ziel? Wollen wir nicht, dass die Jugendlichen ein Leben lang von dem profitieren, was wir ihnen in der Schule beigebracht haben?

Wir könnten wieder zu den großen Vorbildern werden. Aber das wird nicht geschehen, wenn wir mit der Art von Schule weitermachen, die uns in die größte Bildungskrise seit der Gründung der BRD geführt hat. Meine Meinung dazu ist eindeutig. Es ist nicht der Fachkräftemangel, die SuS mit

Verhaltensauffälligkeiten oder Migrationshintergrund, noch nicht einmal die veraltete Technik, die uns in diese Krise geführt hat. Es sind die pädagogischen Konzepte, Regeln und Modelle, die über fünfzig Jahre alt sind und aus dem letzten Jahrtausend stammen.

Ein neues Zeitalter braucht eine neue Bewegung. Wir stehen bereits inmitten dieses neuen Zeitalters. Jeden Moment, den wir länger zögern, werden die Jugendlichen teuer bezahlen müssen. Es ist ein wenig so wie mit den Jugendlichen, welche für eine bessere Klimapolitik demonstrieren. Sie meinen, dass durch die aktuelle Politik, die Grundlage ihrer (sicheren) Zukunft zerstört wird. Mit einer überalterten Pädagogik tut man genau dasselbe. Man raubt den Kids die Chance auf eine selbstbestimmte und solide Zukunft.

Die Arbeit, die getan werden müsste, ist immens. Wir dürfen uns da gar nichts vormachen. Es wird nicht einfach über Nacht geschehen, dass ein Jugendlicher mit Gleitzeit in die Schule kommt, dann selbstständig sein Tablet rausholt und sich seine Tagesaufgaben anguckt und diese in Koop mit den jeweiligen Lernexperten selbstreflektiert übt. Sie dorthin zu kriegen. ist möglich, aber es erfordert mehr Arbeit im Vorfeld als einfacher Frontalunterricht. Die Verantwortung können wir nicht primär den Lehrkräften überstülpen. Denn selbst wenn ich wollte, wäre es im aktuellen Schulsystem in keinem Bundesland möglich, meinen eigenen Unterricht so zu konzipieren. Außerdem steht dem eine gesellschaftlich weit verbreitete Einstellung entgegen, die das Lernen und die Selbstoptimierung hemmt.

Am Ende bleibt das Kopfschütteln. Ich kann es wirklich nicht glauben, aber es gibt wirklich noch Lehrkräfte, die halten es für möglich, dass wir mit den Unterrichtsmodellen der 1980er und 1990er Jahre – wenn nicht sogar mit früheren – noch zeitgemäße Erfolge erzielen könnten. Die Wahrheit ist leider, dass der Kreis an Pädagogen, die sich eine noch ältere Pädagogik zurückwünschen, immer größer wird.

Die Flucht in traditionelle Strukturen ist oft ein Hilfeschrei, weil einen die Herausforderungen der neuen Zeit überfordern. Daran ist nichts Verwerfliches. Aber es zu tun, ohne sich dieser Ursache bewusst zu sein, ist gefährlich. Wir können positive Elemente aus älteren, traditionellen Lehrsystemen fortführen. Es spricht nichts dagegen, aber das bezieht sich nur auf das Positive. Zuerst müssen wir eine Pädagogik für die zu erwartende Zeit machen, denn die SuS werden in der Welt leben, die noch kommt. Sie werden nicht im preußischen Königreich leben und deshalb wird ihnen eine preußische Pädagogik nicht helfen. Ehren wir die Vergangenheit angemessen, aber stechen wir in die See einer neuen Zeit.

Die Rahmenbedingungen entscheiden über das Verhalten der SuS in der Schule. Zweifelsfrei sind sie suboptimal in der heutigen Zeit. Definitiv ist zu beobachten, dass sie Jahr für Jahr schlechter werden. Als Antwort zeigen die Unis immer wieder aufgewärmte Ideen, die sie seit den 1980er Jahren in wechselnder Reihenfolge immer wieder bringen. Wir haben seit Jahren von ihnen nichts neues gehört oder etwas, das zeigt, wie man die Probleme realistisch lösen kann. Gefühlt gehen diese Typen mit zwanzig Studenten in die Schule. Dort führen sie eine Stunde vor, die super klappt, weil zehn Köpfe sie drei Monate lang geplant haben und dann sagen sie uns, das ist die neue Superlösung für all unsere Probleme.

Dabei vergessen sie, wie anders der echte Schulalltag ist. Sie leiden völlig an Realitätsverlust, wenn sie glauben, dass man mehr als eine Stunde im echten Leben für die Vor- und Nachbereitung einer Stunde aufbringen könnte.

Ich will das Rad nicht neu erfinden. Ich will keine Reform machen. Ich will den nächsten Schritt auf der Leiter der Pädagogik gehen! Die Welt ist evolutionär (definitiv und zum Glück nicht revolutionär). Es gibt immer ein nächstes Level. Mein zentraler Ansatz ist das Ideal des Lernexperten, das ich in diesem Essay vorstelle. Nebenbei habe ich in anderen Essays noch andere Eckdaten für die Schule eines neuen Zeitalters vorgestellt.

Die Burn-out-Rate steigt. Die Teilzeitquote steigt. Wir LuL sind frustriert. Aus eigener Erfahrung weiß ich, dass es sehr gut möglich ist, viele Stunden hart und konzentriert zu arbeiten, wenn es selbstbestimmt und sinnerfüllt ist. Zeitgleich kann jede Minute zur Qual und die Energie aus den Tiefen unseres Herzens gesaugt werden, wenn wir etwas tun, das uns unglücklich macht.

Es war mein Traumberuf, Lehrer zu werden. Ich wollte nie etwas anderes machen. Dieser Wunsch ist in meinen Jahren als Grundschüler entstanden. An sich ist es immer noch mein Traum. Aber den Glauben ans staatliche System habe ich verloren, weil ich nicht das Gefühl habe, dass dieses System mich als Lehrer ernsthaft wertschätzt. Letzteres mag einigen nichts bedeuten. Aber mir bedeutet es etwas. Ich brauche das Gefühl, willkommen zu sein und in meinem Wesen ernst genommen zu werden. Dieses Gefühl gibt mir das Schulsystem nicht.

Ich weiß, dass es viele zehntausend Lehrerinnen und Lehrer im deutschsprachigen Raum gibt, die so fühlen wie ich. Wir wollen diesen Job mit dem ganzen Feuer unseres Herzens und der gesamten Kraft unserer Seele machen. Aber das aktuelle Konzept, das die Schulkultur konstituiert, lässt das nicht zu. Es zu probieren, führte bei mir dazu und führt bei euch da draußen dazu, dass wir uns die Zähne an einem blinden System ausbeißen und dann ausbrennen oder schlimmeres.

Es macht mich traurig, an all die gutherzigen und willigen Lehrkräfte da draußen zu denken und zu wissen, wie unerfüllt ihre Lehrerträume bleiben. Diese Leute würden ausreichen, um das Ruder herumzureißen. Sie sind alles, was nötig ist, um uns raus aus der Bildungskrise und rein in ein goldenes Zeitalter der Pädagogik zu führen. Aber am Ende werden sie von den Mühlen der Bürokratie zermahlen werden. Ihr Feuer wird verlöschen, weil die Kruste des veralteten Systems zu hart ist. Macht es euch nicht auch traurig?

Es gab Menschen, die in ausweglosen Situationen gewesen sind. Aber sie haben nicht aufgegeben. Stattdessen haben sie alles riskiert und einige von ihnen haben ihr Leben bei dem Versuch gelassen, ihre Träume zu erfüllen. Dennoch haben es viele geschafft. Sehen wir uns die mutigen Männer an, die in Deutschland gegen die Tyrannei gekämpft haben. Sehen wir uns die Frauen an, die weltweit für die gleichen Rechte aller Frauen kämpften und kämpfen. Sie haben gewonnen oder sie werden am Ende triumphieren, weil sie bereit sind, der Gefahr und der Ausweglosigkeit ins Gesicht zu blicken.

Unsere Situation ist schlecht. Jemand, der nicht sieht, dass unser aktuelles Bildungssystem in der schlimmsten Krise seit Jahrzehnten steckt, der muss irre sein. Wir stehen an einem

Scheideweg. Er ist eine Zäsur. Es gibt nur zwei Richtungen. Auf der einen Seite geht es genauso weiter wie bisher. Das heißt nichts anderes, als das wir weiter mit Karacho in den Abgrund rasen. Auf der anderen Seite erwartet uns ein Berg an Arbeit, der den Himalaya klein aussehen lässt. Hinter diesem Berg aus harter Arbeit wartet jedoch kein Abgrund, sondern das gelobte Paradies der perfekten Pädagogik.

Wie viele LuL müssten sich zusammentun, damit sich etwas bewegt? Ich weiß es nicht. Vielleicht sind es ein, zehn oder fünfzig Prozent aller Lehrkräfte. Am Ende ist die Anzahl nicht das Entscheidende. Ausschließlich die Bereitschaft, sich Widerständen tapfer und gemeinsam zu stellen, wird zum Erfolg führen. Unser Schulsystem ist wie ein schweres Schlachtschiff. Seine Kapitäne sind erfahrene Krieger, die sich an ihre Macht gewöhnt haben und sich deshalb an sie klammern. Wir müssen ihnen nicht nur beibringen, dass ihnen ein neuer Kurs letztendlich mehr bringen wird. Wir müssen auch das Steuer herumreißen und in ein besseres Schulsystem segeln.

Es ist wenig verwunderlich, dass ein erstarrtes System so viel Unglück produziert. Unglück beschreibt die Ergebnisse des aktuellen Schulsystems sehr gut. Es macht unglücklich. Nicht nur die Lehrkräfte und die Schülerinnen und Schüler mit ihren Eltern sind unglücklich. Auch in den Rektoraten herrscht Trauerstimmung und das, was wir als Feedback aus der Bevölkerung kriegen, ist auch unbefriedigend. Wenn so viele Parteien mit dem aktuellen Zustand unzufrieden sind, warum wird dann nicht mehr getan, um es zu verbessern?

Dass wir Menschen an sich träge sind und uns deshalb gern vor Neuerungen verschließen, wird dadurch getoppt, dass wir Deutschen in solchen Dingen besonders träge sind. Wir klammern uns gern bis zum Schluss an Dinge, die sich längst als Irrweg herausgestellt haben. Das ist nie gut und erklärt, wie oft wir uns als Ethnie selbst in die Krise gesteuert haben. Diesmal geht es um das Schulsystem und es geht um die Zukunft unserer nächsten Generation.

Wer will, dass etwas besser wird, muss etwas dafür tun. Anders lässt es sich nicht sagen. Das Momentum des derzeitigen Schulsystems ist gigantisch. Das bedeutet, dass es genug eigene Wahrheiten erzeugt, die es nach innen und außen legitimieren. Aber diese Wahrheiten sind weder inhärent noch müssen sie der Wahrheit entsprechen. Sie sind Konstrukte der Legitimation. Jedes System erschafft solche Legitimationskonstrukte. Das gilt gleichermaßen für gute und schlechte Systeme.

Muss unser Schulsystem genau so sein, wie es jetzt ist? Diese Frage wird viele irritieren. Logischerweise ist die Antwort nein, wenn man sie so stellt. Aber aus dem Inneren des Schulsystems betrachtet, ist ihre Antwort eindeutig ja. Die Selbstlegitimation des Schulsystems hat sich an die bestehende soziale Ordnung und die aktuellen historischen Ereignisse gebunden. Dadurch erscheint sie unumstößlich. Jedoch ist kein System unumstößlich und jede Theorie der Legitimation kann durch die richtige Dialektik als selbst konstruiertes Gebäude entlarvt werden.

Diesen Gedankenprozess müsste unsere Gesellschaft im Ganzen durchmachen. Sonst gibt es keine Chance auf einen guten Transformationsprozess. Solange das Glaubenssystem aufrechterhalten wird, dass es nur so möglich ist, wird es einen inhärenten sozialen Widerstand gegen den Wandel geben. Das wäre sehr tragisch und würde wahrscheinlich zum Scheitern führen.

Jede:r muss sich fragen, wie es sein kann, dass so viele Deutsche immer noch glauben, dass eine Schule im Zeitalter von Internet, KI, digitaler Vernetzung und Globalisierung noch genauso funktionieren kann wie zu Zeiten von Kohl und Gorbatschow? Wieder wird die Antwort sehr eindeutig ausfallen, wenn man die Frage so explizit formuliert. In unserer Gesellschaft geht heute jedoch die Mehrheit praktisch vom Gegenteil aus.

Wer rüttelt unser Volk wach? Wer macht den Schritt auf der evolutionären Leiter? Es kann nur eine große Bewegung sein, die ein klares Ziel hat. Schüsse ins Blaue werden und dürfen es nicht bringen. Große Demos abhalten und nach Veränderungen schreien, ohne einen ausgearbeiteten Plan zu haben, sind nicht nur lächerlich, sie sind auch gefährlich. Sie würden alles verschlimmbessern. Wie dieser Plan aussehen wird, wird die Zukunft zeigen. Mit meinen Essays stelle ich Ecksteine vor, wie es anders und meiner Meinung nach besser gehen wird.

Die Trägheit innerhalb der Lehrerschaft ist verwunderlich. Sie passt nicht zum Geist der Lehrerinnen unseres Landes. Leider passt sie zum Zeitgeist. Zwar gibt es große Gruppen, die demonstrieren. Doch beim genauen Hinsehen haben diese Gruppen meist nur Lippenbekenntnisse. Das trifft etwa auf die Umweltbewegung zu. Sie sind viele, aber es sind nur wenige, die das Leben, was sie fordern, wirklich leben. Wir Lehrerinnen und Lehrer müssten wirklich den Arsch hochkriegen, falls wir etwas verbessern wollen.

Die Alternative ist ernüchternd. Beim derzeitigen Trend wird nicht nur die Zahl ausgebrannter Lehrkräfte zunehmen. Vor allem wird es eine gigantisch hohe Zahl an Lehrkräften geben, die in Pension gehen und sich fragen, ob das alles

Sinn gemacht hat? Schon heute sind das viele und das ist erschreckend. Es bedeutet, auf ein Leben als Lehrkraft zurückblicken zu müssen, das sinnlos erscheint, weil man nicht den Eindruck hat, etwas bewirkt zu haben. Das klingt für viele aktive Lehrkräfte fern. Es ist jedoch etwas, was wir alle vermeiden sollten, falls wir nicht frustrierte Senioren werden wollen.

Wir drehen uns im Kreis, wenn ich erneut fordern muss, dass mehr von uns aufstehen und ein neues pädagogisches Zeitalter wahr machen müssen. Uns allen bleibt die harte, mühsame Arbeit, aus dem alten System die Energie zu ziehen, um zu einer zeitgemäßen Pädagogik zu kommen, oder unerfüllt in die Zukunft zu starten. Alle, die da draußen noch diskutieren, ob die aktuellen pädagogischen Ansätze noch ausreichen. Oder die Lehrkräfte, die so wahnwitzig sind, zu einer noch älteren Pädagogik zurückkehren zu wollen, kann nur gesagt werden, dass sie der Sargnagel jeder ernstzunehmenden Pädagogik sind.

Schon jetzt zweifelt mehr als das halbe Land an uns. Indem sie jeden unqualifizierten Quereinsteiger den Job machen lassen, haben sie unseren Berufsstand entwertet. Äußerlich wirkt es nämlich so, als würden die QuereinsteigerInnen es genauso gut machen. Dem müssen wir entgegenhalten, dass eine Vielzahl von Studien zeigt, dass sie im Durchschnitt einen deutlichen schlechteren Job machen als die regulär Studierten. Denn gute Bildung braucht gute Qualität.. Aber gute Qualität bedeutet immer am Zahn der Zeit zu sein. Nur eine Pädagogik des Informationszeitalters ist in der Lage den Ansprüchen des Informationszeitalters gerecht zu werden.

Es ist nicht fünf vor zwölf. Die Uhr schlägt zwölf. Wir stehen vor der letzten Chance, um das Ruder zu unseren

Gunsten herumzureißen. Jedes Zögern oder Verharren in verkrusteten Strukturen wird katastrophale Folgen haben, die die heutige Bildungskatastrophe noch übertreffen werden. Wie viel muss noch schiefgehen; wie viel muss noch den Bach runtergehen, ehe die letzte Lehrkraft aufwacht und begreift, dass sie etwas tun muss?

18

Wir sind am Ende des Essays und hoffentlich am Beginn einer neuen, strahlenden Zukunft für die Pädagogik und Didaktik in unserem Land. Das neue Zeitalter bietet viel mehr Möglichkeiten und Chancen, als es Gefahren und Risiken birgt. Allerdings wird keine Chance automatisch ein Gewinn werden. Nur durch aktives Handeln können die Möglichkeiten genutzt werden.

Der Fachlehrer prägte das Zeitalter der Schule vor der Einführung des Internets. Er war ein Wissensvermittler, der sowohl das Allgemeinwissen als auch sein spezifisches Fachwissen vermittelte. Außer ihm konnte in der damaligen Zeit niemand diese Aufgabe übernehmen. Dadurch, dass jede:r SuS jetzt ein Handy mit Internetverbindung in der Tasche hat, besitzt er jederzeit Zugang zu Wissensportalen und Online-Bibliotheken, die mehr Wissen zur Verfügung stellen, als irgendeine Fachlehrerin besitzen könnte.

Da Wissen zu einer unbegrenzten Ressource geworden ist, kann die Wissensvermittlung nicht mehr die zentrale Aufgabe einer staatlichen Lehrkraft sein. War sie auch vorher nicht die Einzige, so war sie doch die Bedeutendste. Das kann sie nicht mehr sein. Das Wesen der LehrerInnen muss sich unter diesen veränderten Rahmenbedingungen völlig neu ausrichten.

Auch wenn die Wissensvermittlung massiv an Bedeutung eingebüßt hat, hat das Lernen an sich nicht an Bedeutung verloren. Vielmehr werden die Fähigkeiten zu lernen, schnell zu lernen, vernetzt zu lernen und langfristig zu lernen enorm an Bedeutung gewinnen. Weil das Wissen sich ständig vermehrt, muss es vom Individuum anwendungsspezifisch gelernt werden. Je besser jemand gelernt hat zu lernen, desto besser kann er neues Wissen aufnehmen, es anwenden und in privaten, ökonomischen oder politischen Situationen zu seinem oder ihrem Vorteil einsetzen.

Wenn die Gründe eines Berufsstandes aufhören zu existieren, wird der Beruf aufhören zu existieren. Das haben wir während der industriellen Revolution im großen Umfang erlebt. Zeitgleich heißt das nicht, dass es keinen Bedarf an Arbeit mehr gibt. Zudem haben fast alle altertümlichen Berufe im Kleinen überlebt. Viele von ihnen haben sich im hoch spezialisierten Luxussegment etabliert. Ich rede hier nicht davon, dass der Lehrer als Beruf aufhören wird, weil es keine Gründe mehr für seine Existenz gibt. Aber ich kann bei der aktuellen Entwicklung sagen, dass die Gründe für die Existenz der Fachlehrerin aufhören werden zu existieren.

Schon heute vermisst jede zweite SuS genügend Empathie bei ihren Lehrkräften. Das war bisher überhaupt nicht Teil des Aufgabenprofils eines Fachlehrers. In den letzten Jahren hat es sich immer mehr eingeschlichen, was dazu führt, dass viele Lehrer heute glauben, auch die Aufgaben des Sozialarbeiters mitübernehmen zu müssen. Empathie wird eine zentrale Aufgabe der Lernexpertin sein, weil unser menschliches Lernen fundamental an unsere Gefühle gebunden ist und die Fähigkeit, die Gefühle zu meistern, entscheidend für den Lernerfolg ist.

Ich hoffe, ich muss es zum letzten Mal sagen: Wir leben in einem neuen Zeitalter und brauchen einen neuen Typus an Lehrkräften, der den Rahmenbedingungen dieses neuen Zeitalters entspricht. Nach meiner Analyse kann dieser neue Typus der oder die LernexpertIn sein. Lernen wird in diesem neuen Zeitalter im Verhältnis zum Wissen, als auch zum Können immer mehr an Bedeutung gewinnen. Der Grund ist die enorme Entwicklungsgeschwindigkeit.

Es sind nicht nur unsere Technologien, die sich rasant weiterentwickeln und sich disruptiv auf die gesamte Gesellschaft auswirken. Ähnliches gilt für unsere Umwelt. Sie verändert sich in einem unbekannten Tempo und wir können derzeit nur bedingt erahnen, wie sich dieser Wandel auf unser Leben auswirken wird. Ähnlich schnell wandelt sich unsere Kultur. Die letzten beiden Wellen waren die großen Migrantenströme und die LGBTIQ+ Bewegung. Es werden weitere Wellen folgen.

Wandel und Veränderung werden nicht nur den Anfang des Informationszeitalters prägen. Das Paradigma sich ständig verdichtender und vermehrender Informationen könnte uns für Jahrhunderte bestimmen. Dementsprechend braucht es eine Schule, die ihre Schüler und Schülerinnen darin schult, mit dieser ständigen Veränderung Schritt halten zu können. Eine Schule, die die Lernexperten zu ihrem Ideal macht, kann das leisten.

Ich will auch warnen und diese Warnung ist essenziell. Jeder Versuch, ein so komplexes System wie unsere Schule kurzfristig und ungeplant verändern zu wollen, wird entweder zu Verwerfungen oder schweren Schäden führen oder es wird unkontrollierte Wachstumsschmerzen bedingen. Nur eine kontrollierte Anpassung kann die Ergebnisse bringen, die wir uns wünschen.

Der Grund für das Scheitern der letzten Reformen, es muss hier betont werden, dass die meisten LuL im Schuldienst sie für gescheitert halten, liegt daran, weil sie schlecht durchdacht und gemacht waren, und weil sie zu wenig durchgeplant waren.

Planung wird erst dann schlecht, wenn es zu Planwirtschaft wird. Pläne sind notwendig als Orientierungshilfe. Kein menschengemachter Plan kann die Wirklichkeit genau widerspiegeln. Sie sind immer nur Schablonen, die helfen sollen, Muster besser zu erkennen und um sie nutzbar zu machen. Die Gesetze der Welt sind in ihrem Grunde ziemlich chaotisch. Daran führt in einer Welt der Entropie kein Weg vorbei. Dennoch lassen sich bestimmte Prozesse initiieren und Problemfälle und Fehlerquellen vorhersehen.

Je besser der Plan, desto besser das Ergebnis. Leider ist es in diesem Fall nicht so einfach. Selbst wenn ich den besten Plan für ein besseres Schulsystem aufstelle und eine gigantische Zahl an Fallstricken und Sollbruchstellen identifiziere und löse, bevor sie auftreten, wird das nicht reichen. Denn es gibt immer noch die Lehrer, die sich an ihre Art des Lehrerdaseins gewöhnt haben und es gibt die Universitäten, die an ihren geistigen Schablonen festhalten, unabhängig davon, dass diese Schablonen gerade das gesamte Bildungssystem gegen die Wand fahren.

Ein Hauruck und wir sind in einem besseren Schulsystem, wird es nicht geben. Noch weniger wird es ein besseres Schulsystem geben, wenn die Leute die Macht über das Schulsystem behalten, die dafür sorgen, dass es so schlecht bleibt. Gewachsene Macht ist mächtig, weil sie über uns alle herrscht. Demokratische Macht sollte fair verteilt sein. Innerhalb der Bildungslandschaft besteht in diesem Punkt gründlicher Nachholbedarf. Wir haben eine Lobby innerhalb des Systems Schule. Im Gegensatz zu anderen Bereichen konstituiert sie sich nicht aus den Reichen, sondern aus den vermeintlich Gebildeten. Wenn diese Leute so gebildet sind, warum haben sie dann die Krise nicht vorhergesehen oder funktionierende Lösungen präventiv entwickelt?

Ein schweres Schlachtschiff in voller Fahrt ist schwer vom Kurs abzubringen; selbst wenn der Kurs auf ein Riff zuhält. Wir rasen auf dieses Riff zu. Keine von uns will das und dennoch wissen es alle, die mit dem staatlichen Schulsystem beschäftigt sind. Ich treffe immer mehr Eltern, die entsetzt ihre Kinder von den staatlichen Schulen abmelden und lieber fünfhundert Euro extra im Monat für eine Privatschule blechen, weil sie ihrem Sprössling diesen Terror nicht antun wollen. Dieser Trend wird immer größer und dennoch passiert aus meiner Sicht extrem wenig.

Selbstreflexion scheint an den Unis und den Schalthebeln innerhalb des Schulsystems eine Mangelware zu sein. Zudem sind die verantwortlichen PolitikerInnen nicht willens, die richtigen Leute zu rekrutieren und an die Stellen zu setzen, von denen aus evolutionärer Wandel möglich wäre. Würde es sich nur um eine Branche wie die Fleischereien und Metzger handeln, ohne die wir als Volk wunderbar auskommen würden, wäre es nicht so tragisch. Aber das staatliche Schulsystem ist der wichtigste Wirtschaftszweig, um unsere Demokratie langfristig am Leben zu erhalten. Aktuell ist sie aber der Ast, der abgesägt wird.

Wandel darf sich in guten Zeiten Zeit nehmen, zu wachsen. Sind wir in guten Zeiten? Falls wir es nicht sind, dann rast der Sand durch das Stundenglas. Scheint noch viel Sand übrig zu sein? Viele werden dies an dieser Stelle verneinen, weil sie meinen, dass die Uhr des Schulsystems auf fünf vor zwölf steht. Doch wer das einsieht, darf der untätig sitzen bleiben oder anders gefragt, kann sich jemand noch für ein moralisches Wesen halten, wenn er sieht, wie das Schulsystem kurz vor dem Kollaps steht und er oder sie sich keiner Bewegung anschließt, um unsere Schulen zu retten?

Rhetorische Fragen werden unser Problem nicht lösen. Auch nicht der beste Text wird unser Problem lösen und am wenigsten die Reden jener Politiker, die sich selbst gern reden hören. Was uns retten wird, ist harte Arbeit. Wir müssen uns in die Hände spucken und den evolutionären Schritt in ein Schulsystem des neuen Zeitalters setzen.

Wer dieser Tage wirklich noch glaubt, mit Kreidetafeln, OH-Projektoren und Schulbüchern können wir eine Jugend fit für die Wirtschaft und Politik von Morgen machen, kann nur einen IQ mit negativer Standardabweichung haben. Wir müssen eine Didaktik entwickeln, die zu den neuen Technologien und dem enormen Fluss an Daten passt. Diese Didaktik wird auch Phasen aus Versuch und Irrtum haben, aber das werden nicht die entscheidenden Stellschrauben sein. Eine zentrale Stellschrauben muss ein neuer Typus an Lehrkräften sein. Das Zeitalter begrenzten Wissens ist vorbei. Wissen vermehrt sich endlos und ist jedem mit einem einfachen Smartphone mit Internet zugänglich. Dieses Wissen so zu verarbeiten, dass es zu einer Steigerung der Lebensqualität führt, erfordert einen sehr komplexen

Lernprozess, um aus den externen Daten verinnerlichte Dispositionen schmieden zu können.

Der Typus des Lernexperten kann das Erfolgsmodell der neuen Zeit werden. Die Lernexpertin kann nur dann erfolgreich sein, wenn sie extrem empathisch (in beiden Richtungen) ist und das ist das, was sich gefühlt alle SuS wünschen. Die Fähigkeit, auf extrem hohem Niveau zu lernen, kann uns aus der sozialen und ökonomischen Krise führen. Denn Krisen in der Vergangenheit wurden immer nur gelöst, indem sich die Menschen hingesetzt und gelernt haben, bis sie die Lösungen gefunden und angewendet hatten.

Im Grunde läuft das auf den Gegensatz zwischen Wissen und Lernen hinaus. Dass diese nie wirklich getrennt sind, muss zwar jedem klar sein. Dennoch kann jeweils einer davon dominieren und den anderen bedingen. Aktuell steht das Wissen an erster Stelle und das Lernen ist nur der implizite Teil. Wissen ist Macht, könnte der Slogan des aktuellen Schulmodells sein. In meinem Ansatz wandelt sich der Slogan zu: Lernen ist Macht.

Es geht dabei nicht darum, Wissen zu negieren. Wissen ist das Kennzeichen des Informationszeitalters. Im Gegensatz zu früher gibt es Wissen nicht nur im Übermaß, es verdoppelt sich auch in regelmäßigen Abständen. Ein spezifischer Wissensvermittler wie der Fachlehrer wird da obsolet. Was hingegen mit jedem neuen Bit größer wird, ist die Notwendigkeit, mit diesem Wissen (maximal effizient) umzugehen. Das geschieht über den Prozess des Lernens, der Internalisierung, innere Vernetzung, Üben, Ausprobieren und noch andere Teilelemente umfasst. Das Lernen wird für uns Menschen des Informationszeitalters wichtiger werden als das Wissen und Verstehen.

Am Ende bleibt die Frage nach den mutigen Männern, Frauen und Diversen. Jedem Anfang wohnt ein Zauber inne, hat ein berühmter Schriftsteller verkündet. Das stimmt. Aber es wohnt ihm auch der Mut inne. Denn wer einen Anfang wagt, muss mutig sein. Menschen, die den Kopf in den Sand stecken oder gammeln wollen, wird dieses neue Zeitalter wie die Wellen des Ozeans wegspülen. Mut ist der erste Schritt. Tatkraft der Zweite. Wer diese zwei Schritte geht, wird den Zauber eines neuen Zeitalters erleben.

Was dann noch bleibt, ist Gleichgesinnte zu finden. Wir müssen uns vernetzen. Wir müssen uns finden und uns austauschen. Dieses Essay ist meine Art, euch zu suchen und mich mit euch auszutauschen. Es gibt noch viele mehr. Ich bin offen für eure Vorschläge.

Wenn wir uns dann gefunden haben und wir verstanden haben, wie es geht; dann lasst uns die Schulen und Unis stürmen und den verstaubten Geist der alten Zeit vertreiben. Bringen wir das Leben in die Bildung zurück. Bringen wir die Freude am Lernen zurück. Denn was immer man lernt, man lernt dabei etwas über sich selbst. Diese Entdeckung ist ein Akt der Selbstbewusstwerdung und sie sollte uns das Selbstbewusstsein geben, eine bessere Schule zu machen.

Die Erde wurde von der Evolution geformt. Sie ist die größte Macht des Planeten. Vor der heutigen Schule gab es eine andere Schule. Doch die heutige Schule hat sich aus ihr evolutionär empor entwickelt. Für viele Jahrzehnte war sie ein einziger Siegeszug. Ihre Zeit ist vorbei. Denn die sozialen Rahmenbedingungen, die sie geschaffen hat, existieren nicht mehr. Aus dieser Schule wird sich evolutionär eine neue

Schule entwickeln. Das ist das Gesetz der Evolution. Etwas passt sich an den Wandel an und erblüht, oder es passt sich nicht an und stirbt aus. Lasst uns die Schule wieder blühen lassen!

Bleibt alles wie beim Alten, dann werden die Stimmen immer lauter werden, die sich fragen, wozu man die Schule noch braucht? Sie haben nicht ganz unrecht. Schon heute könnte das Internet, AI und selbststeuernde Online-Portale einen Großteil der Arbeit der heutigen Lehrkräfte völlig autark leisten. Wenn die Lehrkräfte sich nicht auf die Bereiche spezialisieren, die AI und Internet nicht leisten können, werden sie einer der Berufe sein, die die AI-Welle obsolet machen wird. Das empathische Lernen von Mensch zu Mensch wird die Fähigkeit sein, die uns Lehrkräfte, wenn wir sie richtig machen, noch für Jahrhunderte unabdingbar machen wird.